2079

8° Te 65/4

S 160 825

LE ROYAL SYROP

DE POMMES,

ANTIDOTE DES PASSIONS MELAN-CHOLIQVES.

PAR GABRIEL DROYN
Docteur en Medecine.

A PARIS,

Chez Iean Moreau, ruë sainct Iacques,
à la Croix blanche.

M. DC XV.

LE ROYAL
SYROP DE POMMES.

Le project de cest œuure.

IE t'apprédray, si tu veux m'escouter,
Comment l'ennuy d'vn cœur se peut
    oster;
Et ce qui tient la tristesse cruelle,
    D'importune sequelle.

Tu voy amy lecteur en peu de termes, quel est mon dessein, à quel sujet, pourquoy, & comment ie veux escrire en te temps, ou chacun indifferemment met la main à la plume. Ce n'est pas pour te donner les moyens de t'enrichir.

Tu ne seras conuoiteux d'amasser
Le bien qui doit si vistement passer;
Comme thresors, honneurs, auarices;
    Escolles de tous vices.

Mais bien ie desire deliurer ton esprit des folles pensées, & des songes melancholiques; qui te font desuoier du sentier de la raison; ie dis qui transportent tes imaginations loin du cours naturel, tellement que tu perds la cognoissance de toy-mesme, en te representant pour chose certaine, ce qui n'est pas, & ne sera iamais, pour te donner martel en teste.

ã

Iettons au vent mon Robert tout l'affaire,
Dont nous n'auons que faire.

*Tu me diras que la medecine ne peut guerir telles passions
de l'ame, parce qu'elle n'a pas puissance sur la raison, & sur
le iugement. Voy ie te prie ces beaux liures de ce grand Medecin, qui t'enseignent les remedes, contre les passions de
l'ame. Voy comme les mœurs, suiuent la naturelle complexion du corps, & comme le corps bien temperé, produict
des actions louables, & si tant est, que tu ne sois bien attrempé en tes mœurs, actions, & phantaisies, ie te presente
mon Syrop royal, ie dis de l'inuention d'vn Roy de Perse
nommé Sapor, pour temperer ce qui est temperé, regler ce qui
est dereglé, & accorder, ce qui est discordant en ta façon
de viure. C'est le sujet de mon liure, c'est le present que ie te
fais, qui merite bien d'estre receu d'vn œil gracieux : &
qui à plus de vertu, que toutes les perles, l'or, & les diamans.*

Puisque la riche pierre,
Tant soit d'estrange terre,
Et l'or tant recherché,
Foibles n'ont la puissance,
D'oster la doleance,
De leur maistre fasché.

*Tu me diras comment ce remede tant singulier, & exquis, à
demeuré si long temps enseuely, sous le tombeau de l'oubly,
& pourquoy les anciens, qui n'ont rien ignoré des secrets de
la nature, n'ont publié à la posterité ce Syrop charmeur
d'ennuy, & de soucy : Ie peux dire auec verité, que ces vieux
peres barbus, desquels la lumiere s'est faict veoir en la Grece
premierement, ont esté trop seueres contre les passions melancholiques, auec leur hellebore, ou bien ont eu esgard aux
humeurs recuicts de leur pays, qui demandoient vn remede*

plus violent. Mais ce grand & docte Arabe, ie dis Mesué vray correcteur des medicamens, à le premier mis en lumiere ce remede tant benin, & neantmoins plein de grands
effects. Comme ie monstreray par ce mien discours. Depuis
ces grandes lumieres de nostre temps, nourriçons de ceste pe-
piniere de pieté, vertu, & doctrine, ie dis de l'escolle de medecine de Paris,

Dont la gloire, la lumiere.
Sur toutes luict la premiere.

Sylvius & Fernel ont encores enrichy ce suiect, & cultiué
ce beau parterre. I'entens desia le bruict à mes aureilles, de
quelcun qui dist, toy doncques que feras-tu de nouueau.
oses tu promettre au peril de ta reputation de faire mieux,
On ne doit entreprendre d'escrire, si ce n'est pour enrichir les
inuentions de ceux qui nous ont esclairé, où bien pour re-
mettre en meilleur estat leurs escris. Et si ie ne peux faire ny
l'vn n'y l'autre, à quel propos prens-ie ceste peine de gayté
de cœur. Du moins que ie puisse seruir à porter le flambeau.
Si faut-il maintenant reconnoistre le mal, auant que de le
guerir, & comme l'on dit, en terme du mestier, la cognoissance des affections, est l'indication des remedes. Tirons vn
peu les premiers traicts de ces passionnez, afin que l'on
cognoisse ceux qui ont besoin de mon Syrop. Dieu scait si ie
les cognois, & si ie scay percer à trauers du cœur, pour
veoir le desordre des affections mal saines qui bouillonnent
au dedans, pesle mesle. Or sus que les plus fins prennent le
mirouer en main. Baissez l'œil, vous verrez les sages mondains, & les scientifiques: haussez vn peu la veue, pour
veoir les qualifiez, & les curieux: Destournez à droict ce
sont les alexandrins & les nay coeffez: Tournez à gauche
contemplez les appellants & les bigueurs. Et de tous costez
se recognoissent les panegyristes, & les paranymphes. A

voſtre aduis ces viſages ne ſont-il pas bien repreſentez
comme de perſonnes qui ont autre maintien, autre façon
de viure, autre contenance, de proceder que le commun.
N'eſtce pas ſe deſtourner du grand chemin, que de ſe contrefaire. Qui ſommes nous pour meſpriſer les autres. Et
qu'eſtce ie vous prie la paſsion melancholique, ſinon vne
maladie d'eſprit, ou bien comme l'on dit vne fieure d'entendement qui depend d'vne fauſſe opinion, de la phantaiſie
deprauée? non toutesfois que le iugement, ou la raiſon ſoient
offencés? n'en deſplaiſe à ce grand oracle de medecine. Ainſi
les paſsionés melancoliques, ont des imaginations tout à
lenuers: & des actions eſtranges. Ce qui vient du changement, qui ſe faict en la naturelle complexion du cerueau:
& en ceſte ſubtile vapeur du ſang arteriel, que nous ap-
pellons eſprit animal. Diſons plus clairement auec ces vieux
peres arabics, que la paſsion melancholique, eſt vn diuertiſ-
ſement du cours naturel, rendant les penſées & diſcours de
l'homme alterées & changées; non toutesfois par les tenebres & l'obſcurité des vapeurs: qui troublent la phantaiſie,
& ameinent des frayeurs: mais bien ſouuent par le trop ſubtil mouuement des humeurs qui participent de mercure.
Or ſi tant eſt, comme diſt Platon, que le medecin ſoit plus
propre à guerir les maladies dont il a eſté atteint: ſçauoir
ſi ceux qui ſe diſent maiſtres parfaicts à guerir les paſsions
melancholiques, en ſont eſté atteints, Qui ne le croira puiſque le mal ne ſe guerit, ſans le connoiſtre, & que l'entendement vient à s'vnir auec la choſe entendue: mais ie t'aſ-
ſeure qu'en liſant ce mien liure, ſi tu prenois la peine de l'entendre, tu deuiendrois bien toſt melancholique: non pas de
ces reſueurs, ou craintifs, qui portent l'œil bas, & le ſourcil
releué: ou de ceux qui voyent des hommes armez en l'air, ou
qui ont la mine froide, mais bien ie te rendray plus ſubtil.

& ingenieux, tels sont les melancholiques, selon ce grand genie de nature, quoy me permets tu de parler à toy franchement, & en amy? Ie te conseille de suiure le dire de l'vn de nos Pœtes, sçauoir est que les François deuiennent plus subtils en Italie, mais à la longue, la subtilité s'esuanouist en fumée: contente toy donques d'estre sobrement sage en mon liure. Et ne sois comme ceux qui par vne furieuse estude, bruslent en fin la substance du cerueau, & la reduisent en cendre: tellement que les nations ne si peuuent imprimer & s'esuanouissent soudain. Auant que tu en vienne la, prens ie te prie, de mon Syrop. C'est le vray elixir de sagesse, c'est le nepenthe, c'est la pauarée: c'est peut estre le Silene de Socrate mal poly au dehors & remply au dedans de belles peinctures. Or sus entrons en ieu tu desires sçauoir de moy qu'elle est la composition de mon Syrop: & à quel vsage les medecins l'ont dedié. Ie te le diray librement & adieu.

PREMIER
SYROP DEDIE' AVX
SAGES MONDAINS.

Chap. I.

PRENEZ dix liures de suc de pommes, moitié des douces, & moitié des aigres , que vous ferez
boüillir à petit feu, iusques à ce
qu'il n'en reste que cinq liures, à
lors vous mettrez infuses dedans
ce suc, vn peu de soye cramoisie; le tout ayant demeuré deux iours en la caue, & estant bien rassis,
purifié & clair, il sera temps de le faire cuire à
perfection en syrop , auec trois liures de succre.

Ce syrop a pour sa base, comme l'on parle, le
suc de pommes, & le succre pour le mieux conseruer, & la soye cramoisie pour luy donner la
couleur & vertu du chermes. Ainsi toute la composition prend sa faculté du suc de pommes, du
succre, & du chermes. En premier lieu le suc est
excellent, comme tiré d'vn fruict singulier &
exquis, le succre & le chermes semblablement

A

ont de grandes vertus : tellement que la compoſition ne peut eſtre que rare. Mais pour mieux
comprendre ces facultez excellentes , faut trai-
ɕter en particulier d'vn chaſcun. En quoy premierement eſt à noter , que la pomme ſe prend
pour le fruiɕt, que les Latins appellent malum,
du mot Grec melon , & s'eſtend ſelon l'vſage cō-
mun à toutes ſortes de fruiɕts , comme figues,
peſches , grenades , citrons , oranges , abricots.
Ainſi diſons nous la pomme de grenade, ce que
les Latins appellent *malum punicum* , le coin *ma-*
lum cydonicum , la peſche *malum perſicum* , l'abricot
tiré du mot Grec bericocia , *malum armeniacum,*
l'orange chryſomele , le citron pomme de me-
die. Ie laiſſe les pommes d'amour recomman-
dees d'Auerrois , nommees *mala inſana.* Mais le
nom eſt demeuré à nos pommes, le fruiɕt le plus
excellent de tous : & entre les pommes le carpendu porte le nom de fruiɕt par excellence, du
nom Grec carpos. Or les pommes ſont appellees
des Latins odorates, a differéce des autres fruiɕts
encores que le citron aye vne merueilleuſement
bóne ſenteur. Les anciés ont recogneu pluſieurs
ſortes de pómes. Voyez en l'Antiquité Melime-
la, ſçauoir les pommes miellees, que Mathiol pé-
ſe eſtre les appies des Romains, on met encores
les Manliennes, les Claudiennes, les Sextiennes.
Si nous croyons Marcel, Virgile , Florentin, les
Epirotiques, ſont nos pommes de roſeau. Mais
ſans t'arreſter trop curieuſement, tu peux tirer le
ſuc des pommes de carpendu, de caruille, de reſ-
nette, & de roſeau. Ces quatre ſortes de pommes
ſont moyennement douces , qui monſtre que le

fuc eft bien temperé, & ceftuy-cy eft plus propre
à faire rob, & fyrops. Or il faut choifir les pômes
en leur maturité; autrement le fuc s'enaigrit: encore dit Oribafe, faut qu'elles meuriffent fur l'arbre, & foient cueillies à la main, non tombees à
terre. Et fi tu les referue quelque temps auât que
d'en tirer le fuc, les faut mettre fur des rayons
tournez du cofté de bize, & fermez au midy, &
ne faut donner air finon en beau & plein iour.
De plus, les pommes doiuent eftre cueillies en
bonne Lune, fi nous croyons Theophrafte: fçauoir vn iour ou deux apres le plein: chafque chofe a fa faifon, foit pour hanter, foit pour planter,
foit pour cueillir. Ainfi la piuoine cueillie au defaut de la Lune, a plus de force contre l'epilepfie:
& l'herbe nommee Alyffon, cueillie pendant les
iours caniculaires, fert merueilleufement contre
la morfure du chien enragé. En ce mefme temps
là racine d'orcanette, eft pleine d'humeur rouge
comme fang. Et que dirôsnous du têps de la fleur
des febues, qui donne force & vigueur à toutes
les ceruelles legeres. Tu me diras, le temps ne
peut rien de foy, c'eft trop preffer fon amy:
vray eft que le temps fuit le mouuent des
aftres, qui donnent certaines qualitez plu-
ftôft en vne faifon, que non pas en d'autres. Et
non feulement le temps, & la faifon donnent de
nouuelles qualitez, mais bien le lieu de la naiffance, auquel le Ciel communique des vertus
particulieres, defquelles heritent par apres les
plantes. Les prunes de damas & de brignolles,
& les raifins de damas font meilleurs au lieu de
leur premiere naiffance, que non pas ailleurs.
Quelle terre ie vous prie peut produire des rofes

egales en vertu à celles de Prouins ? L'eſprit de
l'homme ne ſçauroit rencontrer par aucun artifice, vn lieu plus propre à la plante que ſon ter-
roir naturel. Vous m'en ſerez teſmoins bons
vins d'Orleans, & de Beaulne, que les autres climats de la France, ne peuuent produire vne liqueur ſemblable à la voſtre. On dit bien que le
grenadier tranſplanté de ſon lieu naturel, produict de meilleurs fruicts : ouy certes meilleurs
au gouſt, mais non pas en vertu. Et quoy ſeroit-
il poſsible, que nos belles & ſalutaires pommes
n'euſſent point de climats particuliers en France. Ce beau pays de Normandie, eſt la vraye pe-
piniere de tous ces bons arbres, & en tire de
grandes commoditez & des remedes ſinguliers.
Et à la verité ces fruicts exquis ne peuuent eſtre
mieux logez, le lieu eſt froid & humide, & les
pommes de meſme, & ſi le pommier ayme le Se-
ptentrion. Ie diray bien que ce climat de Bourbonnois leur eſt fort propre, encores que Theophraſte nous vueille faire croire, que les pommes de campagne ne ſont pas à comparer à celles de la montagne : car ceſtes icy ſelon mon auis,
ſõt de meilleur ſuc, & ſe cõſeruent mieux ; & celles qui viennent en pays plain, comme celuy de
Bourbonnois & de Normandie, ont vn ſuc clair
aigueux, & ayſé à corrompre : mais ie dis que la
pomme de montagne, perd ſa vraye & naturelle
faculté, qui eſt d'eſtre froide & humide.

Ie viens maintenant au ſecond ingredient de
noſtre compoſition, qui eſt la ſoye cramoiſie,
ſurquoy le prince Auicenne dit, que la ſoye par
vn don & proprieté ſpeciale, reſioüit le cœur &

les esprits , principalement celle qui est crüe , & non teincte. Depuis Mesué n'a pas craint la soye teincte en graine , par ce que le chermes , ou co-cheuille , ou coccus baphica , est grandement cordial . De là vient que la confection alcher-mes , est tant recommandee . Ie sçay bien que ceux qui dient que les vertus specifiques,& pro-prietez occultes , seruent de pont aux asnes , à ceux qui ne peuuent payer de raison ,& ne vou-dront pas croire à credit,que la soye puisse auoir tant de vertu de resiouïr le cœur : Si ie dis que le vert à soye se nourrist de fueilles de meurier blãc qui seruét en Dioscoride pour defendre le cœur, en ceux qui ont esté picquez des araignees : on me demandera , pourquoy ces fueilles ont ceste proprieté occulte;tellement que c'est reuenir au mesme poinct . Ie diray doncques , qu'il suffist que l'experience nous monstre , que la soye est cordiale , non seulement celle qui est faicte des vers à soye ; ains celle qui croist sur les arbres aux Indes, & celle qui s'apporte de la Chine, du Catuy , & de la Tartarie. Les peuples d'où l'on apportoit la plus grande quantité de soye, se nommoient anciennement seree,dont les Latins ont tiré leur nom sericon. Ne reste, pour con-tenter les curieux,que de sçauoir si la soye de son temperament & complexion est chaude ou froi-de. Plusieurs pensent qu'elle refroidist, par ce que les vers à soye sõt nourris de fueilles de meu-rier qui sont froides: & desquelles Dioscoride se sert contre la bruslure. Ie veux bien que la vertu & faculté des alimens se communique à celuy qui les prend,& que les cailles qui se nourrissent

en Grece d'ellebore, retiennent la faculté d'iceluy : & par ce moyen peuuent cauſer des con-
uulſions quand on en vſe trop ſouuent; mais cela n'eſt pas toufiours neçeſſaire : car la Saleman-
dre extrememement froide ſe nourriſt dedãs le feu.
Aucuns au lieu de la ſoye cramoiſie, mettent dū
chermes ſimplement , ou bien le pilent auec la
ſoye : mais ie trouueray toufiours bon que l'on
ſuiue entierement l'intention des anciens , ſans
rien changer en leure compoſitions. Ie viens au
ſuccre qui donne le compliment , & la derniere
perfection au ſuc de pommes, apres qu'il eſt clarifié. Le ſuccre doncques eſt ce que Pline appelle
ſaccharon, apres Dioſcoride : & Galien ſacchar,
en retenant le nom du lieu d'où il vient : ſçauoir
des Indes. Vray eſt que pour le preſent, il s'appelle iaggara des Indiens ; & des Arabes Zuchara.
Nous auons deux eſpeces, l'vne vient des cannes
& roſeaux, & l'autre des herbes. Si l'on ne veut
compter pour ſuccre, le laict caillé d'vn arbre,
nommé haoſcer , qui ſort des fueilles d'iceluy en
forme de gomme chaude & amere : mais le vray
ſuccre vient des cannes ou roſeaux, & ce en deux
façons: premierement le ſuccre ſort de ſoy meſme naturellement des cannes & roſeaux; de meſme que les larmes ſortét de quelques arbres: ainſi le maſtic ſort du chameleon, & le camphre du
tronc d'vn arbre. Or le ſuccre qui ſort des cannes ſans artifice & ſans expreſſion, eſt celuy meſme de Dioſcoride & d'Auicenne : car auant que
l'on euſt trouué l'induſtrie de planter les cannes,
& d'en auoir quantité pour les tailler & en tirer
le ſuc, on attendoit gratieuſement ce qui ſortoit

de la canne ; puis on le tranſportoit aux pays eſtranges auec portion d'icelle , comme l'on faiɗ le ſuccre candy pour le iourd'huy. On diɗ bien que l'on en trouue aux Indes , au lieu dit Bethecala, tout de meſme qui ſe peut recueillir ſans artifice. En l'iſle ſainɗ Thomas aux Indes , on plante des cannes qui vienent en cinq mois à leur perfeɗion , à lors on les met en pieces pour les piler & en tirer le ſuc. On parle encores de l'herbe appellee par Aboali, aluſar, & d'autres tigala: ceſte herbe eſt rongee par vn vers , & d'icelle s'enleue des gouttes qui s'endurciſſent en forme de greſle, mais ce ſuccre n'a pas grande douceur, & ne cauſe point d'alteration. Ie dis doncques, que le ſuccre des anciens eſt la moelle des cannes ſuccrines, qui ſort par les fentes , & s'endurciſt au Soleil. C'eſt le ſuccre nommé d'Auicenne, tabarzet: Le noſtre ſe fait par artifice des meſmes cannes côcaſſees, que l'on fait boüillir. De là ſe peut voir côme l'on peut entendre le lieu de Galien , au 7. des ſimples, que ſacchar vient des Indes , & de l'Arabie heureuſe, s'endurciſt à l'entour des roſeaux', & n'eſt autre qu'vne eſpece de miel. Ceſte opinió a eſté ſuiuie de la pluſpart des Medecins, quãd ils ont dit que ſacchar eſtoit vne roſee vnie par le ſoleil, conuertie en la douceur du miel. Et l'ancien Medecin Archigenes, côme recite Paul Æginette diɗ, que le ſuccre eſt vn ſel des Indes, ſemblable en couleur & conſiſtence en ſel commun, mais d'vne ſaueur miellee. C'eſt vn miel, dit Pline, recueilly à l'entour des roſeaux. Aboail

A iiij

dit auſſi, que le miel coule des cannes comme de
la gomme. Et Seneque eſcrit que l'on trouue du
miel aux Indes ſur les fueilles des cannes, qui eſt
où la roſée du ciel, ou bien vne douce liqueur &
graſſe qui ſort de la canne meſme. Voila comme
le ſacchar des anciens eſtoit de meſme matiere
que le noſtre : vray eſt que la forme & preparation en eſt diuerſe.   Le ſucre en medecine ſert
pour receuoir les facultez des medicamens, les
temperer & adoucir leur amertume.

Aux ſages mondains.

CEluy qui veut calmer les paſſions de l'ame,
ſe fondent certes ſur vn ſubiect bien inconſtant, qui diſparoiſt en vn moment, qui n'a non
plus d'arreſt que les ondes de la mer. Tellement
qu'il faut vn remede exquis, tel que noſtre ſyrop
pour arreſter ferme ces vens d'inconſtance, autrement la phantaiſie eſt continuellement eſ-
branlee, & tous les humeurs par conſequent en
deſordre. Car l'imagination venant à communi-
quer par ſympathie ſes impreſſions au cœur, il
s'eſlargit & reſerre outre meſure, & les arteres
perdent leur cadence meſuree : d'où viennent les
frayeurs, les choleres, la ioye, l'amour, l'eſpoir,
le ris, l'eſmerueillement, la honte, la pitié, paſſions ordinaires des mélācholicques : & ſur tous
de ceux qui ſe nomment ſages mondains, qui me
font plus de compaſſion, parce qu'eſtans malades d'eſprit, ils ne ſentent pas leur mal. Ces ſages
mondains tiennent leur cœur couuert, & tendét
vn voile de belles paroles au deuant de leurs cō-

ceptions. Quand ils ne peuuent venir à bout de
leur malice, ils font vn beau semblant d'vne douceur pacifique. Mais au contraire, c'est le propre
de la vraye sagesse, de n'vser aucunement de feintise ou dissimulation, descouurir librement ses
conceptions. Ceste franchise est reputee pour le
iourd'huy fadesse & simplicité. Ces gens là nous
monstrent la peinture d'vn graue vieillard, le visage long, la teste chauue, la barbe grise, le sourcil releué, le front large, ayant les leures cade-
natees, & portant pour sa deuise, qu'il faut tout
voir, tout oüir, & se taire. Mais dira quelqu'vn,

Chin atri è prouiden za, in voi viltade,

E saria la matura tarditate.

Au lieu de ce sage du temps, ie vous presente la
medaille du vieil Caton, vne voix pleine & forte,
qui maintient son ton sans flechir, aspre aux fla-
teurs, esleué contre toutes menaces, ne resentât
rien d'affeterie, vn homme

Plein de vertu, pur de tout vice,

Non bruslant apres l'auarice.

Ie mets encores au rang des vrays sages ces
belles ames candides & luisantes, qui ont quitté
le monde & sa suitte pour viure au ciel, auec vn
esprit tranquille & sans passion, plus parfaicts
que les Gymnosophistes Indiens, plus accomplis
en toutes vertus, ie dis morales, que nos anciens
sages, Democrite, Heraclite, Pythagore, Socrate, Platon, Aristote. Les grands politiques,
comme Zelenque, Dracon, Solon, Lycurge,
Anacharcis, font aussi du nóbre des sages. Ceux-
cy ont basty les citez, estably les loix, & gou-
uerné les Estats, non pas tousiours par vne rude

ſeuerité, ains par belles paroles & ont adoucy
les cornes, & temperé leur ſouuerain comman-
dement en temps & lieu ; en quoy ils reſſemblét
le Soleil, qui fait ſon cours par le Zodiaque, en
tournoyant tout doucement en biais : & par ce
moyen conſerue mieux le monde, que s'il donnoit touſiours à plomb ſur nos teſtes. Et que ſeroit-ce, ſi on ne vouloit aucunefois plier aux volontez du peuple, & que l'on voulut emporter
tout de haute lutte, le miel quelque doux qu'il
ſoit, eſt douloureux ſur les playes : & la parole
de l'homme ſage doit eſtre temperee en ſens &
raiſon, comme diſoit le Philoſophe Zenon. Mais
nos ſages du temps , ont bien vn autre deſſein,
qui eſt de rallier le monde & la ſageſſe ; choſes
contraires de tout leur diamettre. Et Dieu ſçait
comme leur phantaiſie eſt agitee de diuers mouuemens. En ce danger où ie les voy, ie ne veux
pas attendre leur voix plaintiue, ie viens au deuant , & leur preſente ce ſuc de pommes odorantes. Ceſte bonne odeur reſiouïſt le cœur &
rabaiſſe les fumees melancholiques. Cardon
paſſe bien plus outre, en ſes liures de la ſubtilité
diſant que tous ces ſages mondains, ſont extremement meſchans, & inuentent mille ruſes &
fineſſes , pour ſe couurir à quelque prix que ce
ſoit. Ainſi Pericles trouua les moyens de precipiter ſon pays en vne guerre mortelle , pour
s'exempter de rédre compte des deniers publics
qu'ils auoit manié. En fin quand l'eſtude, les veilles, & le ſoin qu'ils preunent à inuenter des ſu-
btilitez, a conſommé l'humidité, ils deuiennent
melancholicques , & laſches aux combats de

Venus. Auſſi les Dames de Paris ne ſe plaiſent gueres à eſpouſer des hommes de longue robe, & des hoſches brides , qui vont reſuant ſur eurs mulets. Elles ayment beaucoup mieux les lplumets.

Les ſages des trois eſtages du monde.

Diſons vn peu d'vn ſens repoſé, qui eſt celuy qui peut comprendre le monde, afin de le mixtionner ſymmetriquement, & proportionnément auec la ſageſſe. Si l'on veut parler de ce beau monde diuin, que les Philoſophes appellent intellectuel, & les peres angelique : ceſtuy cy n'eſt point vmbrage des marques de diſſimulation, ce n'eſt que lumiere & candeur. C'eſt le ſaphir faict en troſne , ayant en ſoy la fermeté, auec la lueur ; tout pur , tout net, tout luiſant, tout conſtant. Ne dites plus que voſtre ſage mõdain, ſoit du premier eſtage du monde ſurceleſte, puis qu'il eſt feinct & diſſimulé, ſuiect à tous les changemens du temps, & reuolution des lunes. Peut eſtre que ceſt homme du monde, viuant en terre, a neantmoins l'eſprit rauy au ciel, eſtant comme bourgeois du monde celeſte : par ce moyen participera de la lumiere & des tenebres, & tiendra du feu & de l'eau, de meſme que le ciel, ſelõ l'opinio de quelques Philoſophes : ce ſera quelque intelligence aſſeruie au corps. Ainſi ce ſage du ſeçõd eſtage , retenant de ſon premier principe, ſe mõſtrera en toutes ſes actiõs, attrépé de lumiere & de tenebres, pour ſçauoir en téps &

temps & lieu faire vn manifeſte de ſes penſees,
ou bien les reſerrer ſouz la clef du cadenat. Et
couurira ſon feu ſouz les cendres de diſſimulation. Mais le ciel a tous ſes mouuemens reglez,
& bien compaſſez. Le premier conduict la cadence, & les autres ſuiuent la meſure. Les Planettes meſmes, encores qu'elles ſoiét dites eſtoiles vagabondes, gardent en tout temps vn certain ordre en leurs auancemens & reculemens.
C'eſt vne merueille qui ſurpaſſe nos ſens, de les
voir par fois cachez, puis derechef ſe monſtrer,
elles nous laiſſent pour vn temps, puis apres ap-
paroiſſent. Nous les voyons aucunefois aller deuant, & quelquefois ſuiure. Leurs mouuemens
ſont par fois tardifs, & d'autrefois plus haſtez:
tellement qu'il ſemble à voir ces aſtres en certain temps, qu'ils s'arreſtent tout court : neantmoins tous ces mouuemens ſont entieremét reglez, terminez & certains, auec vn ordre qui iamais ne manque. Et ce ſage du temps, change
de couleur comme vn chameleon, n'a rien de
certain, ou ferme, eſpie le temps & les occaſiós
pour s'agrandir aux deſpens d'autruy. Ne reſte
doncques ſinon de dire, que les ſages mondains
ſont du bas eſtage de ce monde, poſé au deſſouz
de la Lune, appellé le monde des tenebres, de-
noté par les eaux qui n'ont aucun arreſt ny fermeté, mortel, caduc, incertain. Partant ſuiect
aux mouuemens de la Lune, viuant en tenebres
d'ignorance & de malice, flottant à tous vents
de fortune & d'inconſtance comme les eaux. Ou
bien dirons nous encores, que ce ſage eſt du petit monde, c'eſt à dire qu'il eſt entierement hom-

me, & n'a rien par deſſus le commun ſinon ce
vain nom de ſageſſe, c'eſt en ſomme vn corps có-
poſé d'elemens, rayonné de la chaleur celeſte,
ayant en ſoy la vie des plantes, le ſentiment des
beſtes, & l'entendemenꞇ à la ſemblance de Dieu;
neantmoins eſtant faict participát des choſes diuines & caduques, il eſt plus addonné au monde
que non pas au ciel. Telles gens reſſemblent au
Naſitort, ainſi que dit le Comique Grec, car cóme il tire toute la ſubſtance des plantes voiſines,
& les faict mourir; de meſme la terre retire toutes les penſees de telles gens: c'eſt pourquoy ils
ſont dits mondains. Et les vrays ſages retirent
tant que l'homme peut, leur éntédement du ſoin
des affaires du monde, afin de s'eſleuer en haut
à la contemplation des choſes diuines, pour entrer en iouiſſance dés à preſent de la ſageſſe eter-
nelle.

LE SECOND SYROP DE POM-
MES DEDIÉ AVX SCIENTIFIQVES.

CHAP. II.

SI tu veux vn ſyrop de moindre appareil que
le premier, & neantmoins de ſinguliere vertu, faut prendre vne liure de ſuc de pommes aigres, & demie liure de verjus de grain, auec deux
liures de iulep alexandrin & meſler le tout. Voicy bié des aigreurs meſlees enſemble, pour temperer l'ardeur des ſcientifiques: mais ce ſont des

aigreurs, telles que nature les produict: non des
aigreurs de vinaigre, faictes par la corruption
de la chaleur naturelle du vin ; & par conſequét
qui retiennent vne qualité ennemie de noſtre nature. Et à la verité, ie ne voudrois pas conſeiller
aux ſcientifiques vne telle aigreur ; par ce qu'ils
ſont des-ja bien changez en leur naturelle complexion, ſans qu'il ſoit beſoin de les alterer d'a-
uantage. I'entens icy le ſuc tiré des pommes aucunement aigrettes, & qui ne ſoient pas entierement douces : de meſme que nous diſons grenades aigres, & grenades douces. Or comme le
ſuc des pommes douces & odorantes, refaict le
cœur par ſa bonne odeur, renuoye les fumees
des humeurs noirs, adouciſt & eſclairciſt ceſte
matiere groſſiere & recuicte, de meſme le ſuc de
pommes aigres, qui reſent ſon vin blanc vn peu
verdelet, a ſes propres vertus ; car par ſa naturelle froideur, il attrempe l'ardeur de la cholere : & par la ſubtilité de ſa matiere, il ouure les
conduits eſtoupez. Ie diray plus, ceſte aigreur
empeſche que les matieres retenuës au dedans,
ne ſe pourriſſent : ainſi dit Theophraſte au premier liure des plantes, quand les grenades aigres
deuiennent douces, elles pourriſſent plus ſou-
dainement. L'aigreur encores donne quelque
petite pointe qui reſueille les eſprits. Qui a iamais veu au cœur d'eſté les fauſcheurs laſſés, ha-
raſſés & alterés, courir à grand pas à la fontái-
ne claire, ſubtile & aigrette du prey de la trollie-
re, prés de S. Pardoux pour ſe deſalterer, & prendre force & vigueur. On les voit aualler à grands
traicts ceſte aigre-vinette. Mais ne te trópe pas,

prenant du fuc de pommes fauuages pour le fuc de pommes aigres ; ce n'eſt pas mon intention: vray eſt qu'en Theophraſte, les plantes fauuages ſont plus ſaines, & moins ſuiectes à maladie, que les priuees, ont plus de vertu & moins de ſuperfluité. Et qui ne le croiroit, puis qu'elles ne ſont point alterees par vn changement de pays ? c'eſt leur lieu naturel, l'air de leur naiſſance; où le Soleil leur a premierement eſclairé ; la propre terre qui leur a ſeruy de mere, & qui leur fourniſt toutes leurs commoditez, ſans artifice ou contrainte. Partant leur faculté ſemble plus naturelle & meilleure. On dit bien plus que les fleurs fauuages ſont plus odorantes que les priuees, à cauſe qu'elles ſont plus ſeches. Ainſi dit Ariſtote, les roſes qui ont la poignee plus aſpre, ſont plus odorantes : & certes telle aſpreté vient de ſuciter la roſe de hierre, qui eſt l'amomon des anciens, eſt de tres-bonne odeur, encores que ce ne ſoit que des ſermens entortillez. Ainſi ioncques les plantes fauuages, eſtans plus ſeiches & plus odorantes, feront plus cordiales. Mais l'odeur des plantes & des fleurs fauuages eſt forte & aſpre, au lieu que celle des plantes cultiuees, eſt douce & agreable : partant monſtre vne bonne temperature. Ce n'eſt donc pas à dire, que les pommes fauuages, pour eſtre plus ſeiches, ſoient de meilleure odeur. Le muſc, & la canelle, auec leur ſiccité, ont vne bonne & douce odeur. Mais cela n'aduient pas touſiours. Par ainſi prenez le ſuc des pommes priuees, qui eſt de meilleur odeur, & mieux digeré. Car la

terre ſauuage, ne luy peut fournir ceſte matiere
tenuë & ſubtile, que nous demandons en noſtre
ſyrop.   Reſte encores vn eſclairciſſement, ſçauoir ſi l'on doit prédre des pommes vertes à demy meures ; par ce que leur ſuc eſt aigre : mais ce
n'eſt pas aigreur à parler proprement , ains pluſtoſt auſterité , & la ſaueur auſtere, n'a pas la matiere ſubtile comme l'aigre.   Ioinct que ce ſuc
n'eſtant pas parfaictement digeré, ſeroit ſubiect
à corruption. Ainſi dit Oribaſe, les pommes có-
plettes ſont profitables aux maladies ; celles qui
ont trop de ſuc froid, s'enaigriſſent ſoudain. En
ſomme le ſuc ſera tiré des pommes parfaictemét
meures , & naturellement aigres ; duquel le meſme Oribaſe parle ainſi, les pommes aigrettes ſu-
btiliẽt les matieres groſſieres qu'elles rencontrent en l'eſtomach , & les tirent en bas, partant
laſchent le ventre.   Si l'eſtomach eſt de ſoy net,
elles le reſſerrent.   En Theophraſte la roſe & la
fleur du peſchier laſchent le ventre, par la ſubtilité de leur matiere.

Du verjus de grain.

L E verjus de grain, ou vin omphacité, ſe faict
d'vn raiſin qui n'eſt pas entierement meur,
que les Grecs nomment omphax, non pas à la
façon deſcrite par Dioſcoride, ſçauoir en prenant les aigrets vn peu auparauant qu'ils ſoyent
meurs, & les laiſſant rider au Soleil trois ou quatre iours, puis les preſſant pour en tirer le vin ou
verjus : car maintenát on ne monſtre point les aigrets au Soleil , & s'il ſemble que les anciens
beuuoient

beuuoient de ce vin omphacite. C'eſt auſſi vne
erreur de croire, que l'omphacion de Dioſcoride ſoit noſtre verius de grain : mais pour faire le
verius de grain, faut-il prendre les raiſins auant
qu'ils ſoient meurs à perfection ; ou bien ſe doit
il faire d'vn raiſin naturellement aigre, de meſme que la grenade de buiſſon? A quoy ie dis que
le verjus des raiſins auant qu'ils ſoient meurs,
ne ſert que pour reſueiller l'appetit des friands:
mais ce beau raiſin blanc bien nourry , qui ne
vient iamais à la douceur des autres, ſert à con-
fire & à faire noſtre verjus medicinal. Vray eſt
que ſelon mon aduis, on peut prendre des lam-
bruſches, non pas vn raiſin ſauuage noir, duquel
ſe faict, en Dioſcoride, le vin de lambruſche: car
ceſtuy-cy eſt noir & groſſier, qui ſont qualitez
contraires à noſtre deſſein : mais de ce raiſin duquel ſe prend ornanthé , qui ne vient iamais à
maturité. Or ce vin omphacité ou verjus de
grain, ſelon Galien au quatrieſme des ſimples,
eſt propre aux ardeurs, eſtant fort refrigeratif.
Quand eſt de l'omphacion de Dioſcoride, nous
n'en vſons aucunement. Mais icy pour plaiſir,
ie demanderois volontiers, pourquoy la lambruſche qui porte l'oranthé, & qui produit l'ai-
gret, ne peut amener ſon fruict à ſa derniere perfection & maturité. Sçauoir ſi c'eſt l'impuiſſan-
ce de la nature, qui ne peut paracheuer ſon premier deſſein, demeurant comme recreuë à my-
chemin, ou ſi cela vient du defaut de la matiere,
qui ne fourniſt pas à la nature ce qui luy eſt neceſſaire. Et de faict tous les anciens Phyſiciens
ont aſſeruy la nature à la neceſſité de la matiere.

B

Ainsi les plantes qui n'ont pas leurs semences
complettes , ne peuuent venir à leur derniere
perfection ; non pas que la nature agisse fortuitement , mais par ce qu'estant frustree de son
premier dessein, elle ne peut tousiours atteindre
au but pretendu. Disons estre vn defaut en nature, que la biche n'a point de cornes comme le
cerf, & que la taupe ne voit pas. Non certes, ce
n'est pas contre l'ordre de nature, ains tout se
faict par conseil & non fortuitement. Ainsi donques la lambrusche porte son fruict, selon l'ordre & le premier dessein de nature, & tel qu'il
estoit requis en son espece, sans qu'il fust besoin
de plus grande maturité ou douceur . Demeu-
rons là que nature fait tout pour le mieux ; & ne
laisse rien d'imparfaict , ains donne à chascun ce
qui luy est necessaire en son espece. Ie reuiens
au iulep Alexãdrin, qui est faict de suc de limon,
d'eau rose & de succre, en mesme proportion
que l'oxysacchara. Par apres ie monstreray les
facultez, tant du suc de limon que de l'eau rose.
Me suffit de dire pour le present, que les anciens
ne faisoient point cuire ceste composition en si-
rop : car en Nicolas Myrepsus, nous lisons trois
iuleps de pommes, l'vn qui reçoit du spica auec
le suc ; les autres du santal, de l'eau rose & de la
canelle. Et se seruoit de ces iuleps contre l'alteration & les defaillances de cœur. Le moyen de
preparer tels iuleps, le tẽps passé estoit de prendre des cãnes distilees ou du suc purifié, & le faire cuire auec le tiers de succre , à la consistence
du miel ; mais nos iuleps sont plus clairs, auec
vn tiers de syrop, & les deux tiers de liqueur.

Les Scientifiques.

SI tant est que mon miroir ne puisse representer au naturel le scientifique, ie veux pour
contenter vn chascun, en faire voir le pourtraict
tiré par vn des plus excellens Prosopographes,
que la terre aye iamais porté. Ie dis par la langue
de Nature, qui est le diuin Platon. Doncques le
scientifique est vn pipeur, soubz couleur d'vne
fausse science qui luy sert d'amorce pour vendre
ses coquilles, vn trafiqueur de vaines paroles,
vn punctilleur en toutes sciences, qui neatmoins
n'a rien de certain. Mais icy ie ne veux pas parler
de ces sophistes anciens, qui mettoient librement le voile au vent sur toute mer, faisoient
contenance de sçauoir tout depuis le ciel iusques
au centre de la terre. Contrefaisoient les Astrologues, les Physiciens, les Metaphysiciens &
Politiques, & de tout rien. Car ce n'estoit que
vaine opinion, sans sciéce, vne ombre sans corps,
& vne peinture sans realité. Disons nous que
ces scientifiques sont des Geans qui veulent es-
cheler le ciel ? car ils nous parlent des choses ce-
lestes & de celles que nos sens ne peuuent comprendre, cóme s'ils les tenoient à la main : neanmoins ils ne cognoissét ny les arbres ny les pierres les plus grossieres. Et pour mieux couurir
leur ieu, vsent de termes incogneus. Ie m'en
rapporte à messieurs les Horoscopeurs, & Alchymistes, lesquels par certains mots phanta-
stiques parlent à eux mesmes, sans que les autres
entendent leur numero. Si quelque subtil veut

ſçauoir de moy que c'eſt , que ce n'eſt pas que
ſcience, d'ou vient ce terme de ſcientifique, &
comme l'on peut paruenir à la vraye ſcience. On
dit premierement, qu'il faut eſtre bien ſenſé: car
le bon ſens eſt la loy , la reigle & la meſure de
toutes choſes. Et ſelon l'aduis du Poëte Lucre-
ce, il n'y a pierre de touche plus certaine pour
diſcerner le vray du faux, que les ſens de l'homme. Dont aduient que le baſtiment qui eſt bien
compaſſé & niuelé par les ſens, ſ'eſleue en iuſte
proportion & ſymmetrie. Mais quand le premier niueau va de biais ou de trauers, tout ſe
renuerſe contremont. Doncques l'homme bien
ſenſé ſera dépeint auec le compas , la reigle la
meſure & le niueau. Et aura par ce moyen vn
grand aduantage ſur les autres, pour paruenir
aux ſciences. Ouy , mais le ſinge qui a le ſens du
gouſt extremement bon , en ce cas ſera mieux
ſenſé que l'homme. Et le ſanglier qui a l'oüie,
que l'on dit le ſens des ſciences fort ſubtile:l'Once perce de ſa veuë à trauers des murailles:l'Au-
tour a le ſens de flairer ſi bon , qu'il ſentira de
trente lieues. Et l'Araigne , le meſpris des animaux, a le ſens de l'attouchement meilleur que
l'homme. Mais les ſens ſans la conduite de la
raiſon, ne nous peuuent acheminer aux ſciences. Bien veux-ie dire , que ſans ce beau naturel,
on ne peut acquerir aucun rang entre les doctes.
Mais ſçauoir comme l'on peut recognoiſtre ce
bon ſens,car ie voy que tous ne ſont pas de meſme aduis, d'autant que nature n'a point mis en
l'homme de marques pour recognoiſtre le bon
ou mauuais naturel. Toutefois les vns tiennent,

que le cuir rare & mollet , est vn indice de bon
sens & subtil. Mais le diuin Philosophe en parle
tout autrement, disant que les esprits prompts
subtils, aigus , qui comprennent aisément, sont
pour la pluspart soudains & precipitez en leurs
actions. Au contraire les natures molles & de-
licates sont tardiues à comprendre , & oublient
aisément. Ie reuiens, & dis que ces beaux naturels releuez, dorez & argentez , sont bien souuent comme le sapin qui s'esleue en grandeur, &
neantmoins ne porte aucun fruict , & ne se peut
appriuoiser par aucun artifice . Ce sont des vignes en friches, qui deuiennent lambrusches
si elles ne sont cultiuees. Mais l'estude dóne tant
de peine , de soucy & de difficulté , que les ceruelles les mieux timbrees en sont esbranlees , &
les foibles se renuersent de fond en cyme. Mesmes en ce temps où il faut apprendre les langues
estrangeres, mot par mot, comme les perro-
quets auant que de rien sçauoir: c'est à dire, auát
que de pouuoir discerner les vrayes opinions
par raison & iugement : ou bien auant que d'a-
uoir la cognoissance des choses eternelles : c'est
la vraye science qui peut vnir la raison auec l'entendement , & l'entendement auec la diuinité.
Tellemét que ceux qui par vaine opinion
s'attribuent le nom de scientifiques , doibuent
estre mis au nombre des passionnez de melancholie. De les dire ou monstrer au doigt, ce n'est
ny mon but ny mon dessein. Que chascun se re-
cognoisse soy mesme & prene le miroir en main.
Bien veux-ie dire , qu'entre ceux qui meritent
les premiers rangs, & qui doiuent boire les pre-

miers, ie mettray les Horoscopeurs & les songe-creux. De rang seront mis les Alchymistes &
Spargyriques, & de suite les composeurs de liures : le reste sera mis à la discretion & prudence du Lecteur.

Aux Horoscopeurs.

HE'! bon Dieu, qui voudroit refuser la pre-
seance à Messieurs les Astrologues iudiciai-
res ; Ie luy voudrois mettre en teste ce braue
Comte de la Mirande, qui les esleue iusques à la
Sphere de la Lune. Ce sont ceux qui nous pro-
mettent de raconter par le menu, compasser &
niueler les fortunes & les mœurs d'vn chascun.
Vous les voyez porter vn beau grand miroir en
la main, clair, luisant, où l'on peut voir à trauers le ciel, les Planettes & les choses d'icy bas.
O grande merueille de tels scientifiques ! Ie ne
m'amuse point à ce rieur de Democrite, disant
que telles gens en contemplant le ciel, ne peuuent voir ce qui est deuant leurs pieds. Moins
encores à ce resueur d'Epicure qui s'en mocque
tout à faict. Quelquesvns plus piquans disent,
que ce n'est que pure troperie, voilée d'vn beau
pretexte, vn artifice mensonger, vne charlan-
telerie. Ce sont les successeurs de ceux que l'on
nommoit anciennement Chaldeens, vendeurs
de songes, genethliaques, qui dressoient les na-
tiuitez : & par ce moyen trompoient les plus
credules. Et apres auoir faict leur apprentissage
en ce mestier, ils adonnent le reste de leur vie en

rufes & fineffes. En fomme fi i'ofois dire ce que
ces langues mefdifantes ont laiffé par efcrit, ce
n'eft qu'vn faux artifice, inutile, impoffible &
ennemy de la vraye fageffe, laquelle contemple
bien le ciel, les eftoiles & les Planettes, enfemble leurs iufluences, proprietez & vertus : mais
non pas en intention d'en tirer des iugemens fur
les naiffances ou deftinees des hommes, mais
bien pour admirer ces beaux flambeaux, & les
effects de la toute-Puiffance. Venons au poinct.
Quel martel en tefte a ces gens là, de refuer en
dreffant vn horofcope, pour chercher Hilech,
le donneur de bonne fortune ? puis Alchodes, le
donneur de longue vie : en apres Alpheta, qui
donne la vigueur & le courage. Et quand il faut
conter les euenemens de iour en iour, par ephe-
merides ou almanachs ; voir le declin de l'equa-
teur & l'entourement des Planettes. Ie ne veux
pas dire, que ce font des Icariens, guindez fur
des aifles de prefomption, pour fe precipiter en
vne mer de menfonge. Ie dis feulement que ceux
là font melancholiques extrauagans, qui font
profeffion de cefte fcience, & toutefois au faict
& au prendre, font vrays ignorans.

Et l'homme en vain pourfuit,
Coniecturer la chofe,
Que Dieu fage tient clofe,
Souz vne obfcure nuict.

Aux ſonge-creux.

LEs ſonge-creux font des interpretatiõs phã-taſtiques ſur les ſonges, pour fonder les bon-nes & mauuaiſes fortunes ſur des pilotis de fe-ſtus. Quelle aſſeurance pour croire à credit à tel-les gens.

Fardans ſouʒ vaine authorité,
Le vain abus de leur vain ſonge,
Subtils artiſans de menſonge,
Et pipeurs de la verité.

On dit que l'eſprit eſtant mis en pleine liberté, pendant le ſommeil, & comme deliuré de la pri-ſon du corps, ſe ſouuient du paſſé, voit ce qui eſt de preſent, & preuoid ce qui eſt à aduenir. C'eſt lors que tous les ſens ſon- aſſoupis, & que les facultez de l'ame ne ſe departent pas en plu-ſieurs lieux, ains elle ſe retire toute à ſoy meſ-me, ſans eſtre diuerties par les functiõs du corps, à voir, à ouïr, à toucher, à flairer, à gouſter, à marcher, & à diuers penſemens. Or ſus, qui ſe-ra celuy qui pourra, iuger droitement, ſans s'eſ-garer de l'euenement des ſonges, & ie luy feray preſent d'vn beau rameau de lorier. De dire que les ſonges nous repreſentent les diſpoſitions du corps, & quelque choſe du naturel des ſõgeurs, ie n'en veux point faire de doute; par ce que les penſees du iour & les actions, reuiennent la nuict en la phantaiſie, & ſe preſentent au bureau du ſens commun, qui eſt le vray ſiege des ſonges. Mais combien de paſsions, combien de martels en teſte, procez & querelles troublent & diuer-

tiſſent la phantaſie & le ſens commun, & per-
uertiſſent le iugement des ſonges. Donnez moy
doncques quelques vnes de ces belles ames, pu-
res & nettes de toute paſſion , qui me puiſſe au
vray repreſenter ces ſonges, & ie luy diray l'in-
terpretation. Que s'il ne s'en trouue aucune,
n'eſt-ce pas vne pure folie, que d'entreprendre
vne choſe vaine. Toutefois ſi quelqu'vn ſe veut
deliurer des paſſions, afin de bien ſonger, qu'il
ieuſne quelque temps , qu'il quitte ſes plaiſirs,
& qu'il beuue à bon eſcient de noſtre ſyrop, puis
il en racontera aux autres comme ie fais. Tiens
donc pour aſſeuré, que ſi tu vois quelquefois en
ſonge , le ciel & ſes beaux flambeaux luiſans &
brillans. S'il te ſemble que tu reçoy quelque
preſent d'vn Ange, ſi tu vois couler vne douce
pluye, reçoy ce ſonge pour vn bon ſignal. Mais
au contraire, ſi ces belles lumieres te ſemblent
perdre leur agreable lueur, ou ſortir de leurs places, ou ſe diuertir de leurs cours ordinaires, ou
que tu voyes l'air obſcurcy de nuees, brouillards
& grandes pluyes , c'eſt vn faſcheux ſigne. Et
bien le ſongeur qui voit à ſouhait, ou entend ce
qu'il deſiroit en veillant, qui repaiſt ſes yeux de
l'email des fleurs, de la verdure des prez, de la
beauté des arbres chargez de fruicts, du gazoüil-
lis des riuieres, & de leurs claires eaux, peut iuger par là, que tout eſt bien diſpoſé au dedans.
Au contraire , s'il ſonge que ſes ſens ſoient eſ-
blouïs ou empeſchez, c'eſt vn ſigne de mauuai-
ſe ſanté : comme s'il voit les campagnes gril-
lees par l'ardeur du Soleil, les herbes fenees, les
arbres tous ſecs, ſans fruict & ſans fueilles, les

riuieres troubles & desbordees : ſi la terre luy
ſemble trembler ou bruſler d'ardeur, qu'il pre-
uoye ſoudain à ſa ſanté. S'il ſe preſente à luy par
fois des viſiōs bruſquetiques, coquelines ou ia-
quemardiques, c'eſt vne marque que le cerueau
eſt vn peu leger & remply de vent, puis qu'il
s'eſleue au deſſus des horloges. Ha! qu'il eſt dangereux de rencontrer en ſongeant les morts, reſ-
ſemblans à cet Hector de Virgile.

> *La barbe ſale, heriſſee & vilaine,*
> *La cheuelure infecte & toute pleine*
> *De ſang caillé.*

Ce ſont bien des effects de l'humeur melancholique, ſuiect de mon ſyrop. Or ſus au poinct.
Ces ſonges ſont purement naturels : ſçauoir qui
nous repreſentent le tintamarre de nos actions
iournalieres, bigarrees de mille diuerſitez, &
ſont appellez à bon droict, vains & phantaſti-
ques, ſans que l'on y puiſſe fonder aucun iugement.

> *Tu es ſemblable au malade qui ſonge,*
> *Lequel en vain ſes doigts mocquez allonge,*
> *Pour taſter l'Idole qui n'eſt pas,*
> *Et qui te fuit, tu perds en vain tes pas.*

C'eſt bien pure folie de s'embroüiller la ceruelle ſur des liures forgez à la poſte, que l'on dit
eſtre de Mercure Trimegiſte, pour y chercher
telles diuinations, & de dire que par artifice on
peut fairé venir certains ſonges, en mettant le
cœur d'vn ſinge ſoubz le cheuet des ſongeurs

Pour raison; Voicy que l'on dir, ce sont des choses qui surpassent l'entendement du vulgaire. Ce
sont vrayement des secrets pardessus les effects
de nature ; c'est à dire qui ne sont fondees
ny en raison, ny en apparence. Ie m'en rapporte aux liures d'Artemidore, & de Synesius, tous
biffez qu'ils sont : sçauoir si les hommes de bon
iugement, en peuuent tirer des predictions ar-
tificielles. , pour deuiner les bonnes ou mau-
uaises fortunes des estats , ou des particuliers,
par quel portail faut-il entrer en ce temple des
songes , est ce par celuy des vaines illusions,
par la porte de corne ou de tromperie? ouy, mais
le songe de ce Consul Romain , Cornelius Ru-
fus ne fut-il pas plein de diuination , ayant son-
gé qu'il perdoit la veuë , le matin il se trouua
vrayement aueugle. L'esprit ne preuoyoit-il pas
pendant le sommeil tel accident. Ie ne veux pas
dire que ce fust vn genie, qui vint donner ce tri-
ste aduertissement . C'estoit bien tard pour y
pouruoir. Et celuy en Galien, qui songea qu'il
auoit vne cuisse de pierre, se trouua le matin pa-
ralytique . Mais la vieille Hecube , mere du
beau Paris , songea bien en le portant , qu'elle enfanteroit vn flambeau , qui reduiroit
Troye en cendres . Et le genie du bon homme Socrates , luy annonça en dormant , comme l'on dict, qu'il seroit dans trois iours en repos. Ie laisse à part les reuelations des Saincts
personnages , ce sont choses hors nostre subiect, desquelles l'homme ne peut auoir cognoiss
ce par aucun artifice ou industrie, ains seulement

par la grace diuine . Tels ſont les ſonges de Daniel, de Ioſeph, & les viſions de Nabuchodonoſor, Ie reuiens à nos hiſtoires pleines de merueilles. Decius Conſul Romain, ſe precipita de gayeté de cœur, par ce qu'il auoit eu viſion, que l'armee de celuy-là obtiendroit la victoire, qui mourroit en bataille. Et le Poëte Sophocles vit en ſonge celuy qui auoit deſrobé la taſſe au temple d'Apollon, ce qui ſe trouua vray. Et Calphurnia femme de Iules Ceſar, eut reuelation en ſongeant de la mort prochaine de ſon mary. Et noſtre Hippocrate qui vit en ſonge le Prince de la Medecine Æſculape, luy tendre des boëttes, & ſoudain s'en aller, iugea bien par là qu'il n'eſtoit point de beſoin d'aller voir Democrite, comme il s'eſtoit propoſé. Mais ie plains bien plus ces ſonge-creux, en ce que pour eſtablir la vanité des ſonges, ils s'enquieſtent, ſçauoir ſi la Lune pendant le ſonge eſtoit en la neufieſme racine de la reuolution de l'annee, ou bien au neufieſme ſigne. Si Mercure eſtoit au ſigne du verſeur d'eau, Si le Soleil eſtoit au ſigne de la Balance, & Saturne en la neufieſme maiſon. Et faut encores ſonger le matin au poinct du iour, ou bien aller dormir au temple d'Eſculape, ou de Paſiphaé, ou de Podalyre. Ce n'eſt pas tout, celuy qui veut bien deuiner les ſonges, doit cognoiſtre le ſongeur, ſa natiuité, ſon humeur, ſa profeſſion, ſon aage & diſpoſition. Car tous les hommes ne ſont pas de meſme, & peu de changement trouble tout le myſtere. Et faut bien ſe ſouuenir du ſonge, & attendre l'euenement dans vn temps limité : car ce qui ſe voit de loin, ou du

ciel, ne peut pas aduenir si tost: Toutefois pour
le plus tard, ce sera à la vingt-deuxiesme annee.
Si les mariniers recognoissoient les villes & les
places, par l'aspect de quelque haut rocher qui
est aupres. Si les Capitaines attendent l'armee
ennemie, quand ils voyent les auant-coureurs:
pourquoy est-ce que nous ne iugerons de l'euenement des choses par les representations qui
nous apparoissent? Le marinier remarque bien
les bons & mauuais astres: par ce que souuent il
voit aduenir leurs effects. Pourquoy est-ce donques que les songes ne nous donneront des indi-
ces de l aduenir. Mais on ne peut donner vne regle certaine pour la cognoissance des songes, à
cause du diuers naturel des hommes, & de leurs
passiõs diuerses. Ainsi l'eau claire & l'eau trouble representent diuersement vne mesme chose.
Et Melampus qui donnoit vne reigle commune
à tous, se trompoit en cela; car vn miroir selon
qu'il est posé de droit ou de trauers, & qu'il est
de diuerse matiere, vient à representer diuersement les obiects. C'est pourquoy on ne peut
donner vne reigle commune sur le iugement
des songes. Chascun se formera vn modelle particulier, auquel il moulera ses songes selon sa
phantaisie, & fera l'essay de ses experiences sur
soy mesme, tenant vn bon liure nocturnal de
songes, au lieu de celuy de raison, pour faire vn
bref estat de conte, & à petit fraiz de ses visions,
& des discours qu'il a tenu auec la Lune, ou auec
Mercure, ou bien auec ce vieil resueur de Saturne. Ce fut en songeant, peut estre, que le Poëte
Homere apprinst toutes ces belles fables que

nous liſons. En ſomme pour ſortir de ces reſue-
ries, diſons que la grande ſageſſe des ſonges eſt
fondee en l'incertitude, & les ſonges ne ſont pas
moins incertains que les anciens oracles, qui ſe
rendoient de trauers. Et comment peut l'homme aſſeoir iugement ſur les ſonges, puis qu'il
ne peut atteindre à la cognoiſſance des choſes
les plus euidentes ? C'eſt le tout dit Platon, ſi la
clairté de ſageſſe peut reluire au dernier aage.

Aux Philoſophes
Metalliques.

MEſſieurs les chercheurs de pierre philoſo-
phales, quittans le ciel & les aſtres, ſe iet-
tent à corps perdu au plus profond des cauernes
ſouterraines, pour vacquer à la ſcience Metallique & reformer la nature, qui ne nous produict
pas aſſez d'or à leur phantaiſie.

C'eſt vn heureux aduantage,
Qu'vn alambic en partage,
Vn fourneau Mercurien,
Et de toute ſa ſubſtance,
Tirant vne quinteſſence,
Multiplier tout en rien.

Laiſſons les Poëtes à part, & parlons à bon
ieu bon argent : N'eſt ce pas vne belle ſcience &
admirable, que de trouuer la toiſon d'or, & aſ-
ſoupir les dragons qui ſurueillét à l'entour. C'eſt
ce beau rameau d'or qui peut donner entree iuſques aux enfers. Ce vieil renfrongné Charon,
auec ſon œil rebarbatif, s'adouciſt, ſoudain que

la Sibille luy preſente ce ioyau tout brillant & reluiſant. Beau & riche ſuieſt, qui peut tirer à ſoy les eſprits les plus releuez. Et encores ce ſuieſt enrichy de beaux mots, & de grandes promeſſes. Pour moy ie ſuis tout raui en extaſe, quãd i'entends ces riches termes argyropee, chryſopee. Quoy faire l'or, faire l'argent, & n'auoir peine que de le porter à l'Orfeure. Ie me ris en moy meſme de ces vieux reſueurs, qui diſoient, que les dieux vendoient tout à l'homme à grand prix: ſçauoir auec vn extreme trauail. Puis que ceux de ce temps peuuent fabriquer des montagnes d'or en vn moment, ſans beaucoup de peine. Et quand l'homme a de l'or à ſouhait, que luy faut-il de plus pour ſe rendre bien-heureux? L'or qui ſe maintient perpetuellemét en ſa lueur & ſplendeur, ſans que le temps, ny le feu, ny la roüilleure le puiſſe conſommer. l'auois certes admiré iuſques à preſent, la vigueur & dexterité de l'eſprit de l'homme, qui a trouué les moyens d'auoir des aiſles pour trauerſer les nuës, prendre les oyſeaux au milieu de l'air; les poiſſons au plus profond des riuieres, les beſtes fauues au plus creux des foreſts, dreſſer le cheual, dompter le taureau pour s'en ſeruir. Et en fin qui a monſtré l'artifice de bien dire & de prouuer par raiſons ce que l'on veut, de compaſſer le monde, & recognoiſtre les ſecrets de la nature. Ce ne ſont que bifferies au prix de ceſte ſciéce, non pas doree ou argentee, mais tout d'or fin, & philoſophique. Ie ne m'arreſte plus au dire du Medecin Thomas Eraſte, que c'eſt

vne fole entreprinſe pleine de vanité & d'incertitude. Ie ne veux pas dire que ce ſoit le trepier
des Muſes, lequel comme dit Platon, fait tourner la ceruelle à ceux qui ſont aſſis deſſus. Moins
encores veux-ie croire les eſcrits de quelques
vns de ces Philoſophes empierrez : ſçauoir eſt
que tous les traictez des anciens, touchant ce ſuiect, ne ſont que des Enigmes ou oracles, où perſonne ne peut rien comprendre. Les modernes
diſent bien, que Geber leur patron, a remply
leur magazin metallique, d'vne infinité de ſophi-
ſtiqueries inutiles, pour tromper les moins ad-
uiſez : & qu'il n'entendoit pas bien clairement la
Chryſogonie & l'Argyrogonie, qui eſt fort ai-
ſee à comprendre ; il n'eſt queſtion ſinon d'auoir
la matiére toute preſte à receuoir la ſemence de
l'or & la poudre de multiplication. Ha ! que ſi
cet alteré Tantale pouuoit obtenir cógé de Plu-
ton, comme il prendroit la poſte pour arriuer au
temps à ceſte moiſſon dorée. Il ſe trouue bien ie
ne ſçay quels Saturniens, ſonge-creux, pleins
de conſiderations , grands inquiſiteurs des ſecrets de la nature, eſquels vont diſant contre
ces Mercuriens, ceſte fabrique eſtráge d'or,
eſt conuaincuë d'vne manifeſte rebellion contre les loix de nature, qui fait tout pour le mieux,
& rien en vain , qui dreſſe toutes ſes actions à
vn certain but. Et certes ſi les autres metaux excepté l'or , ſont imparfaicts. Qui ne dira que la
nature ſoit demeuree à my-chemin, ſans pouuoir paſſer outre, pour donner le compliment
& perfection à ceux qui ſont demeurez imparfaicts, ſans attendre à gueule beáte, & les mains
ouuertes,

ouuertes, le fecours des Philofophes Metalliques. Ces fonge-creux dient bien plus, que la
matiere d'vn metail, ne peut pas receuoir la forme effentielle de l'or, autrement les chofes cõ-
plettes en leurs efpeces, changeroiét à tout propos leur eftre en vn autre, ce qui ne fe peut. Sçauoir fi la nature ne pouuoit pas donner la forme
& l'eftre d'or aux autres metaux foubz terre,
fans attendre qu'on les fift brufler à petit feu dedans, ces fourneaux Mercuriens, afin de faire cefte belle metamorphofe. En fomme ces Saturniens s'efcrient, que telle fabrique ne peut eftre
comprinfe par les fens, ny moins entrer en la
penfee d'vn homme bien aduifé, comme eftant
contre toute euidence de raifon. Ce n'eft qu'vne
fumee qui trouble les fens de ceux qui fe laiffent
emporter à cefte vanité. Si ces gens-là difent
vray ou non, ie m'en rapporte à tous les fouf-
fleurs, & leur demande vne pour toute, de voir
de grace vn efchantillon de cefte pierre, & s'ils
ne m'en peuuent monftrer, ie leur confeille de
boire à bon efcient de mon fyrop.

Aux Spagyriques.

LEs tireurs de quinte effence, ont beaucoup
de peine & de martel en tefte, pour dreffer
vne nouuelle medecine, & la former au modelle
hermetique, trimegiftique, balfamique, encores qu'il ne s'en trouue aucune apparence, finon
en idee, & en certains mots forgez à l'antique.
Ie les plains certes, & fans doute ils font à plain-
dre, puis que leur efprit trauaille tant à nous fai-

re voir ces grandes merueilles. Ie dis ce baulme
viuifiant, c'eſt elixir de vie, l'or potable, la pierre de Saturne nommee Betylon, le ciel des Philoſophes, le viatolon du trimoſin auec ſon ſa-
ronadapauri, la Ceincture du Gerolon, l'excellence du Sufforeton : Canganuieron, le Mora-
toſan de l'Aigle noir, le Nefolon de l'aigle rouge, les teinctures de Xophares Roy des Silons,
le Sorouella de Crinot, les teinctures de Petru-
moſin. Ces gens là marquent de leur propre
ſeau philoſophique, ces proprietez incogneues
& inuiſibles au monde. C'eſt ainſi qu'ils reſta-
bliſſent les ruines de l'antiquité, & donnent vn
nouueau luſtre, vn ſoulas merueilleux, des efects
excellens, & vn compliment à tous ces dogmatiques, en preparant, ſubtiliant, & adouciſſant
l'amertume & aigreur de leurs medicamens : c'eſt
par ce beau ſentier, qu'ils ſont paruenus à leur
opinion, au ſouuerain empire de la Medecine. Et
qui ſeroit celuy qui voudroit debatre auec leurs
excellences ; puis que de bonne foy & d'vn ſingulier artifice, ils reforment la Medecine pour le
biē du public. Au lieu des vieux corſelets roüil-
lez à grands buſque, ils nous font voir des armes
polies, luiſantes, dorees damaſquinees, leſquelles
donnent force ou vigueur à celuy qui s'en ſert,
pour deſraciner tout à fait, & renuerſer de fond
en cime toutes maladies. Ces Vulcans artificiels
forgent des armes toutes nouuelles. Ce n'eſt pas
de la ferraille de nos Apothicaires, comme ils diſent, ny des vieilles pieces ramaſſees à la valee de
miſere. Ce ſont des eſcadrons bien rengez & en
bel ordre. Vous voyez le premier rang de la fa-
mille des vegetables, renforcee des animaux, &

ſouſtenuë des mineraux. Il n'y a barricade de maladie qui ne ſoit enfoncee par ces renforts. Mais diſons à bon eſciét, & ſans rire. Puis que ces Meſſieurs ont trouué les vraies eſſéces, les vrais principes & les fondemens de la gueriſon des maladies, n'eſt ce pas la raiſon qu'ils faſſét des effects qui ſurpaſſent le cómun. I'entens bien des merueilles ſans aucun effect. On dit c'eſt vn fruict excellent, enrichy & profitable; c'eſt vn elemét interieur: en ſomme c'eſt le cœur, la moëlle & l'humeur radical de tous remedes. Vn baulme Hermetique qui donne force vigueur & verdeur à toutes choſes. Et fait raieunir la terre & l'onde. Ce beau ciel Philoſophique qui ſurpaſſe tous les effects de nature; ceſte matiere radicale, la ſource de fecondité, la reſtauration de ſanté, le reſtabliſſement & conſeruation des corps, matiere diſétils ſpirituelle, celeſte, inuiſible & occulte, par laquelle ſelon l'opinió de Paraclete, le ſpirituel eſt rendu corporel, & l'inuiſible deuiét viſible. Voila cóme la vigueur de ces rares eſprits a penetré à trauers des tenebres de la nuict de ce bon Hypocrate, & du chantre des Dieux Orphee, & a tiré du puits profond de Democrite tous les ſecrets de nature. Mais ce qui rauit encores d'auátage, c'eſt que telles merueilles ſe peuuent trouuer à petit fraiz: ſçauoir dedans les ſemences coruptibles, ou pour parler plus clairement & philoſophiquement les ſels balſamiques ſelon leurs termes, ſe rencontrent aux ſaletés, fumiers & vrines. Ce que l'Empereur Veſpaſian auoit bien & ſagement preueu, quand il tira de bon & fin or, des vrines que l'on iettoit à Rome. Et ces Meſſieurs de Lyon, font amaſſer ſoigneuſement

les efcuuilles pour en tirer les baulines. Ie ne m'e-
baïs que des Parifiens, lefquels font affez auifez
au refte des affaires du mefnage, ils me pardon-
neront, fi ie dis qu'ils font vn peu grofliers, de
ne fçauoir tirer les fels balfamiques des vrines &
fumiers, dont leurs ruës font toutes diaprees.
Mais ce qui trouble quelque peu cefte Philofophie, c'eft que l on ne peut pas defroüiller la
clef de ce cadenat : car pour en parler à la verité,
l'ancien Mercure Trimegifte, ayant laiffé à fes
fucceffeurs cefte clef, fans que perfonne s'en foit
feruy, iufques à Democrite, qui eftoit de la cô-
frairie des Quinze-vingts. Ce pauure aueugle ga-
fta tous les refforts. Depuis Paracelfe voulût en-
foncer la clef à bon efcient, & briza tout. Tellement qu'il ne fe trouue aucun ferrurier qui puiffe ouurir ce cadenat, encores que l'on tourne &
retourne de tous coftez, c'eft toufiours vne mefme chanfon. Les promeneurs Ariftoteliques difent, que les Spagyriques ne fçauent pas la liai-
fon de l'effect auec fa caufe. Et les Spagyriques
font profeffion publique, d'auoir d'autres fondemens & principes, que les dogmatiques, &
d'autres fources bien plus claires, que nous at-
tendons de iour à autre : & crainte qu'ils ne s'a-
lembiquent la ceruelle, par leurs nouuelles pre-
parations, ie leur prefente mon fyrop, c'eft vn remede plus fingulier que l'or potable.

Aux Compofeurs,

C'Eft bien la verité, que les lettres font donnees à l'homme fage, pour departir aux au-

tres ſes belles conceptions , & les liures ſont les
treſors de l'eſpargne, où les beaux eſprits mettent en reſerue le plus clair de leur reuenu , pour
ſeruir librement & gratuitement à ceux qui ont
volonté d'apprendre. Auſſi tout doit eſtre mis
en commun ſans enuie, puis que nous ſommes
vn meſme corps, & regis par vn meſme Maiſtre.
N'eſt-il pas vray que les rayons du Soleil nous
ſont plus agreables, en ce qu'ils departent à toute creature, ſans aucun choix leur chaleur & lumiere. Et la nature eſtant enceinte, nous produict liberalement toutes choſes : donne nourri-
riture & accroiſſement aux plantes , & en contr'eſchange , reçoit l'influence des corps celeſtes. De meſme, les plus belles ſciences ayant
prins pied & racine en l'eſprit de l'homme ſage,
produiſent en leur temps de beaux tiges , des
fleurs & des fruicts , pour conſeruer & embellir
la vie de l'homme. N'en deſplaiſe à nos anceſtres
les Druydes, qui ne voulurent faire part au public de leurs eſcrits, ſe contétans de la viue voix,
& d'enſeigner de main en main. Ces bonnes gens
penſoient peut eſtre, que les liures rendoient les
hommes peu ſoigneux de retenir les ſciences,
quand ils ſe repoſoient ſur leurs eſcrits. Pour
moy ie trouue que les liures conſeruent les ſciē-
ces contre l'oubly & l'iniure du temps, & ſuis
de l'aduis du Philoſophe : ſçauoir eſt que nous
ſommes beaucoup obligez à ceux qui nous ont
tracé les premiers traicts des ſciences , encores
que leur ouurage ne fuſt du commencemét tant
poly & limé. Vn ſeul ne peut ſuffire pour inuenter enſemble, & donner la derniere main. Et

mal-heur dit-il aux ignorans, lesquels au lieu de
honorer les anciens, en mesdisent effrontément.
Ces bonnes gens ont tasché par tous moyens de
nous esclairer au milieu des tenebres , de nous
seruir de guides parmi les forests de l'ignorance.
Ny la rigueur du froid , ny l'ardeur de l'esté, ne
les a peu destourner de tant de peines & de veilles , pour le proffit public. Ceux qui sont venus
apres ont presté la main, pour donner le compliment à ces premiers desseins; en adioustant ou
diminuant ce qu'ils ont pésé pour le mieux: sans
toutesfois , s'enrichir de la reputation d'autruy.
Ainsi les sciences ont prins peu à peu , vn tel ac-
croissement, que nous voyons pour le iourd'huy
tant d'escrits diuers, tant d'œuures de toutes
façons & en toutes sciences ; tant d'inuentions subtiles ; le fil du discours riche & entierement releué, auec vne infinité de belles pieces de
marqueterie, non toutefois à l'antique: car les anciens traictoient vn suiect d'vne suite continuelle, sás sortir hors leur cariere: leur discours estoit
bien tissu, & n'alloit point serpentant par digres-
sions , ains visoit droit à son premier but. Leurs
meditations rengees d'vn bel ordre, neantmoins
surhaussees de gayes & viues couleurs. Pour le
iourd'huy la liberté est beaucoup plus gráde, car
nos escriuains modernes ne se laissent renfermer
dedans ses compas & limites si estroites. Ils se di-
spensent fort aisément des maximes de ces vieux
heretiques, en choisissant tel suiect que bon leur
semble, pourueu qu'il soit nouueau, sans se donner autrement peine, que tous les ruisseaux se ra-
portent à leur premiere source. Ce leur est tout
vn, que les maximes soyent vrayes , certaines &

neceſſaires, ou bien fauſſes de cas d'auenture &
incertaines. On ne faict aucune difficulté de renuerſer l'ordre de nature, ou les cauſes & les principes tiennẽt le premier lieu, puis de ſuite les effects, les mouuemens & actions. Et à la verité, ces
peres barbus, qui ont voulu tenir vne reigle tant
eſtroite, ne s'en ſont pas bié trouuez. Ie m'en rapporte à Democrite, ſurnommé Abderite, qui ne
fit en toute ſa vie, ſinon rechercher les vertus des
plantes & des pierres, ſans s'adóner à autre eſtude. Eudoxe fut ac cablé de vieilleſſe, en contemplant continuellement ſur le ſommet d'vne mó-
tagne, les mouuemens & influences des aſtres. Et
le Philoſophe Chryſippe ne s'addonnoit qu'à la
ſeule contẽplation, tant ces ſages eſtimoiét eſtre
neceſſaire à la perfection des ſciences, de s'arreſter à vn ſeul deſſein. Mais ils furent payez en fin
de leurs gages; c'eſt qu'il ſe fallut purger à diuerſes fois d'Ellebore, pour maintenir la vigueur de
leur eſprit. Auſſi ces gens-là eſtoient ſecs cóme
bois, perpetuellement alterez & ruinez en leur
ſanté, en ceſte continuelle eſtude.

Ceux-cy coleȝ ſur vn liure,
N'ont iamais plaiſir de viure.

Nos eſcriuains ſont plus auiſez, & ont vne ſageſſe toute nouuelle. Car vous voyez ſortir au iour
de belles pieces enrichies de diſcours, raiſons, in-
uétións, pointes ingenieuſes parees de beau dire
de mots ſentétieux, ornez d'eloquéce & d'artifice. Les vns inſtruiſent à la vie ciuile, & formét vn
homme pour le monde. Les autres reſtaurent les
ſciences languiſſantes, deſcouurét les merueilles
de nature, & les facultez diuines, & nous font voir

clairement le grand miroir du monde. Ie confeſ-
ſe qu'il n'appartient pas à tous de danſer ſur ceſte corde, & de s'eſleuer en l'air auec des aiſles de
l'entendement , comme firent Bellerophon &
Endymion.　Et le plus gratieux eſt ; que les anciens ne s'eſtudioient, ſinon à contenter les hômes d'entendement : & ceux-cy ſe rendent merueilleuſement populaires ; car le peuple eſt bi-
geare & ne demande que des bigarrures.　Et ces
nouueaux oracles , ces enfans des dieux , à qui
rien n'eſt incogneu, parlent de puiſſance abſoluë , & librement de toutes choſes , ſans s'aſſu-
iectir autrement à la raiſon , tournent de tel coſté que bon leur ſemble , & font voile ſur toute
mer ſans contre-dit.　Toute opinion ſelon leur
aduis , a deux viſages, & la raiſon eſt de plomb,
qui ſe ploye de tel coſté que l'on veut.　Ces gens
n'eſpouſent rien , & ſe mocquent de tous les iugemens des anciens , embraſſent les propoſi-
tions hardies & eſtrangeres, comme bien-ſean-
tes aux eſprits plus releuez.　Ie les plains ſeulement en vne choſe, c'eſt que leur ſubtilité ſe peine beaucoup à contenter ce peuple inconſtant,
par vn langage deſguiſé & ſophiſtiqué, qui pert
incontinent ſon luſtre.　Ce ſont des fueilles larges ſans fruict.　Et à la verité les arbres qui iet-
tent tant de fueilles, n'ameinét pas grand fruict.
L'Amédier n'a pas beaucoup de fueilles, & neanmoins rapporte quantité de bons fruicts.　Mais
le fruict de la gloire eſt ſi doux, que rien ne leur
eſt impoſſible.　Ils veulent paroiſtre & ſe mettre
en lumiere à quelque prix que ce ſoit.　Or pour
contenter ces bigeares humeurs du peuple, faut

entasser le bon & mauuais grain, sans rien cribler, afin que le monceau se monstre plus gros. Grec, Latin, François, bien ou mal entendu, & en vn mesme subiect. Les comptes, les fables, la Poësie, le tout à la volee & sans iugement. Ceste trompeuse opinion de science, que chascun prend de soy mesme, est bien estrange ; elle se trompe à credit, & veut que tout le môde croye le mesme. Et certes rien n'est tant effronté que l'ignorance, qui se ruë à corps perdu à toute sorte d'entreprinse, met soudain la plume au vent, par vn esprit peu arresté , & sans consideration.

TROISIESME SYROP POVR LES QVALIFIEZ.

CHAP. III.

CE syrop est composé de suc de pommes aigres , de grenades aigres , & de verjus de grain, de chascun vne liure. Puis on adiouste deux liures de suc de scariole, purifié & clarifié. En fin de l'eau rose, de l'eau d'infusion de tamarindes & de pruneaux, de chascun vne liure & demie, & auec huict liures de succre on faict le syrop.

Tu vois icy vne nouuelle alliance, de l'amertume auec l'aigreur & la douceur. Pour les aigreurs, ne nous reste que le suc de grenades aigres à mettre sur le tapis. Ce suc donques est tiré du fruict nommé mygraine ou grenade, à cause

Grecs l'appellent rhoia, d'autres la nomment *malum punicum*, du lieu de sa naissance. Ce fruict est excellent, & recommandé de tout temps. Ainsi les Sculpteurs mettoient en la main de Iunon la grenade par vn grand mystere, qui ne se peut exprimer (dit Pausanias) & l'arbre comme nous content les fables, a esté engédree du sang d'Agdis, les anciens Prestres de la Loy portoiét ces fruicts, auec des clochettes aux bords de leurs vestemens, parce que ceste escorce mal polie, contient en soy des grains lissez & bien vnis, de bonne saueur & de couleur plaisante, c'est aussi le symbole de chasteté. Or si le fruict est beau & mysterieux, les parties sont de mesme, & tout ce qui en despend. Ainsi le cytinus, qui est la fleur de la grenade douce, est singulier en medecine; si est bien le balauste, qui est la fleur de grenade aigre, encores que Pline pense autrement, sçauoir est que le premier bouton de toute grenade est le cytin, & le dedans le balauste. Au dedans de ce fruict, nous auons ceste petite peau blanche, qui enueloppe les grains, nommee des anciés cycus. En fin sont les grains bien rangez, & en mesme nombre, soit que la grenade soit grosse ou petite, les vns sont moins durs, & moins aigres, nommez apyrina, les autres sont plus aigres, & de ces grains se tire le ius, ou vin de grenade, nous auons encores l'escorce nommee *malicorium*. Venons aux vertus, & facultez, ie dis donques que la grenade consideree en son entier, & non par parcelles, est refrigeratiue & desiccatiue au second degré. C'est

pourquoy aucuns dient, qu'elle peut esteindre
l'ardeur de Venus. Les aigres sont plus refrige-
ratiues que les douces, toutes confortent l'estomac, sans toutesfois se conuertir en aliment ; &
de plus sont cordiales, & si nous croyons Paul
Æginete, le suc de grenades prins par la bouche,
rend le teint beau. Le cytin est astringent desicatif & refrigeratif. Le balauste est plus refrigeratif & desicatif. L'escorce auec sa froideur
a faculté d'espessir, le suc tempere l'ardeur de la
bile, resiste aux syncopes, & conforte les parties
nobles. Ie viens au suc de scariole, tiree de l'herbe nommee en Dioscoride sens, dont est faict le
mot de seriole, ou scariole, qui est nostre chicoree blanche, ou eudiue domestique, & le nom
de seris piera, demeure à la chicoree sauuage.
Pour compliment de ce syrop, nous auons les
infusions de pruneaux, & de tamarindes : ie dis
la ligueur où les pruneaux, & les tamarindes
auront infusé quelque temps, i'entends icy la
preune de damas violet, nommee des Grecs
coicy melon, comme qui diroit pomme teinte
en graine. Ces preunes selon Galien temperent
l'ardeur de l'estomac, le confortent par leur a-
striction, & neantmoins l'aschent le ventre.
C'est ainsi que l'on entend le lieu de Dioscoride,
que les prunes de Damas seiches reserrent le
ventre.

Nous auons plusieurs autres prunes de diuerses couleurs & saueurs, blanches, iaunes, rouges, noires, violettes. Les perdrigons, &
les dactiles sont des meilleures au goust.

Pour les tamarindes, c'eſt vn fruict excellent dit
Meſué, qui ne peut nuire. Il eſt froid & ſec au ſecond degré, propre à temperer l'ardeur du ſang
& de la cholere.

Aux Qualifiez.

L'*Honneur, procez, l'amour, la rancœur, la feintiſe,*
  L'ambition, l'orgueil, l'ire, & la conuoitiſe,
    Et le ſale appetit d'ammonceler des biens,
    Sont les maux eſtrangers, que l'homme adiouſte aux
      ſiens.

Voila en ſomme & conte final, les moyens que
l'homme tient d'ordinaire pour ſe ſignaler, pour
paroiſtre, & ſe retirer de la preſſe du commun:
c'eſt d'acquerir quelque belle qualité, ſe rendre
qualifié, & ſe maintenir auec toute aſſeurance
en ſes degrez d'honneur. Mais ie le dis à mon
grand regret, ceſte honneſte ambition de venir
au monde, ſe vend bien cherement; ſi ce n'eſt à
prix d'argent, c'eſt auec tant de peine, tant de
ſoucy, tant de veilles & tant d'ennuits, que la
meilleure & la plus douce partie de noſtre vie ſe
pert miſerablement, en la queſte & pourſuite de
telles qualitez. Ha! pauure pleureur Heraclite,
ſi tu auois l'aſſeurance de venir reuoir nos miſe-
res, tu fondrois tout en larmes, & te perdrois
entierement en ceſte conſideration. Voyant cõme le cœur des hommes eſt becqueté & rongé
ſans ceſſe; non pas par vn oyſeau royal comme
l'aigle, mais bien par des ſales corbeaux & des
harpies. Ce ſont nos humeurs noires, bruſlees,
recuictes & pleines d'amertumes.

Et nous pauures chetifs, foit de iour, foit de nuict:
Touƒiours quelque triƒteƒƒe eƒpineuƒe nous ƒuit,
Qui nous lime le cœur.

Et moy qui le voy, qui le fçay, qui le cognois, ie ne m'en veux pas rire comme faiƒoit Democrite: moins encores en pleurer, cela ne ƒeruiroit de rien.   Mais bien ie veux donner remede à ceƒte ardeur, à ce feu qui nous bruƒle d'orgueil, d'ambition, & de conuoitiƒe, de peur que tout ne ƒoit reduict en bluettes & en cendres.   Pour ceƒt effect i'ay mis en lumiere & à la veuë d'vn chacun, ce troiƒieƒme ƒyrop, dont la compoƒition eƒt admirable; des aigreurs, des aigre-douceurs, & des amertumes. Le tout auec telle proportion & ƒymmetrie, que ce n'eƒt qu'vne meƒme mixtion de differentes qualitez alliees d'vne telle amitié & ƒympathie, que tous ces differends accords, rendent vne douce & agreable harmonie, propre à temperer le boüillon de ces humeurs alterees, & les ramener à la tranquilité d'vne vie paiƒible. Ie dis pour ceux qui s'en voudront ƒeruir, non pour les ingrats & meƒcognoiƒƒans. Or entrant en ieu, ie dis, que tous ceux qui ƒont pouƒƒez de ceƒte bruƒlante enuie, d'eƒtre qualifiez au monde: i'entens de paroiƒtre par deƒƒus les autres hommes, doiuent eƒtre pourueuz de grands dons de nature, & du ciel : autrement c'eƒt vne extreme folie de ƒe precipiter aux charges publiques, ƒi l'homme ne s'en recognoiƒt capable, & s'expoƒer aux riƒees & mocqueries d'vn chaƒcun, qui voit que telles gens reƒƒemblent à ces ƒauetiers, qui ioüoient autresfois à l'hoƒtel de Bourgogne, ƒans rime & ƒans raiƒon. Vous

les voyez fans contenance contrefaire les arba-
leftes à grenoüilles, & monter fur le theatre de
ce monde, auec belle parade, la mouftache re-
leuee,& le front fourcilleux,fans pouuoir iouër
leur rollet, tant ils font ignorans, & bien fouuent priuez d'honneur & de vertu, & s'il aduient vne fois qu'on les face defcendre du theatre, Dieu fçait quelle trifte & maigremine. On
diroit à les veoir qu'ils ont du refiné entre les
dens, ou du cotignat laxatif en l'eftomac, ou de
la fuppreffion au bas ventre. Ainfi pour s'acqui-
ter dignement de ces qualitez, que l'on pourfuit auec perte de finance & de fuffifance : on fe
ronge le cœur, & le corps d'vn continuel pen-
fement, on vient à dedaigner toutes chofes, &
à s'enfler d'vne naïfue prefomption & vanité. A
quoy feruent merueilleufement les fucs aigres
qui entrent en noftre fyrop, parce qu'ils reueillent l'appetit, font reuenir le qualifié à foy mefme, & luy oftent ce defdain qu'il a des autres,
l'amertume fert à ce mefme effect, & les poires
d'angoiffe : comme auffi de mefmes à calmer les
vents de vanité. On y adioufte quelque douceur parmy, pour faire goufter le fruict de la
vie tranquille. Pleuft à Dieu que ie fuffe capable, de donner confeil à ceux qui s'embarquent
dedans cefte grande mer d'ambition, à fin de les
preferuer de certaines fieures que nous appel-
lons epiales, ou furmarines : lefquelles au dehors femblent calmes ; & pleines de bonne efperance : mais au profond du corps, les humeurs
bruflent, les vifceres font en feu, & les os cra-
quetent, ie leur donnerois vn petit regime falu-
taire, de faire prouifion de bonne heure de cefte

maluoifie,ie dis de mon fyrop, & de goufter fouuent les aigreurs & les douceurs,qui peuuét rapporter ces belles & grandes qualitez:principale-
ment à perfonnes indignes&incapables. Ie diray
bien plus,que ceux qui font nez aux grádes charges,& qui ont comme l'on dit, vn maintien& façon royale, ne doiuent pourtant mefprifer l'vfage de ce fyrop:par ce que les honneurs changent
bien fouuent les mœurs. Ie ne fais aucun doute,
que plufieurs ne defirét fçauoir de moy que i'en-
tés par les qualifiez,& par les qualitez. Et de fait
ie voy bié qu'il eft neceffaire de les en efclaircir,à
fin que ce remede leur profite, comme ie le fouhaite de tout mon cœur.Mais ie n'ofe librement
entrer fur ce difcours: par ce que ceux qui ont le
gouft qualifié,ne veulent oüir parler de telles re-
cherches, qui reffentent l'eftude, & ce qu'ils appellent la Philofophie,& la Pedanterie.Mais ba-
fte,il ni a remede,il faut laiffer leur opinió à part.
Vous apprendrez doncques Meffieurs les qualifiez, f'il vous plaift, que la qualité n'eft pas de la
nature & effence du fuiect, eftant feulement vn
accidét, & f'il faut dire vne peinture que le peintre peut effacer quand bon luy femble, & en re-
mettre vne nouuelle.Et fi les Philofophes difent
que toute qualité a cela de propre, qu'elle tire
toufiours apres foy quelque cótraire,qui f'effor-
ce de chaffer dehors le compagnó: comme vous
diriez vn Controlleur,vn alternatif, vn triennal,
vn efchiquier de Rhennes, vn femeftre du grand
Confeil,vn nouueau party.De plus la quualité reçoit plus & moins , peut monter & baiffer, & fe
changer de iour en autre, par flux & reflux,& vn
reuers de fortune.

Comme on void deſſus vn mont,
S'eſcouler la neige blanche,
Ou comme la roſe franche,
perd le pourpre de ſon teinct,
Du vent de la biʒe atteint.

Et de telles qualitez, les hommes ſont faits ſemblables ou diſſemblables, en pareil degré, en pre-
ſeance, en ſubalterne, en deſpendance. De là
vous voyez que les qualifiez releuez & ſurhauſ-
ſez de belles qualitez, ſont ſubiects vn peu plus
que les autres hommes, qui ſuiuent vne ſorte de
vie tranquile, hors du bruict & de la preſſe; aux
ſoudains changemens, ſont perpetuellement en
alarme d'eſtre deſarçonnez par des nouueaux
venus, de baiſſer & remonter leurs qualitez: ce
qui peut esbranler leur conſtance & bruſler les
humeurs: & par ce moyen les rendre melancholiques. Et quoy dira quelqu'vn, pour ſe deliurer
doncques de tous ces ſoucis, il faut eſtre coureur
de lieure, gros Iean de la vigne, Perrinet de la
Metairie, ou celuy que les Grecs nommét idiot,
qui ne vit qu'à ſoy meſme, & pour ſoy meſme;
qui ſe leue & couche à ſes heures, qui boit &
mange quand bon luy ſemble, ſans dependre de
perſonne. Mais quand les vignes ſont gelees &
les bleds greſlez, quand les chiens mangent leur
maiſtre, n'eſt-ce pas pour depaſſionner. Ceux
qui ſont dignes des charges & honneurs, doiuent ils refuſer le preſent que le ciel leur offre,
& cacher ſouz terre leur talent. En ce cas il ſeroit
bien à propos pour ne tomber en inconuenient,
de ſe ſonder ſoy meſme, ſans faire des iugemens
en l'air par vaine preſomption de noſtre ſuffiſan-
ce.

ce. Les vns à la verité, ont des qualitez recommandables par deſſus le commun, qui les rendẽt habiles aux grandes charges: de ſorte qu'ils peuuent exercer leurs offices, ſans ſe forcer ou contraindre, eſtans nez pour commander. Ce ſont ces beaux eſprits dorez & argẽtez, leſquels ont vn naturel maſle & noble, pour commander aux natures feminines & molaſſes. Ainſi le maiſtre doit commander au ſeruiteur, le mary à la femme, & le pere à ſon enfant : d'autant que le maiſtre eſt plus noble, le mary plus puiſſant & vigoureux, & le pere plus ſage. En ſomme les plus nobles, les plus puiſſans, les plus parfaicts, & les plus ſages, ſont vrayement qualifiez de belles qualitez ; tellement que celuy qui veut par vaine ambition, ou preſomption, troubler ce bel ordre : Il ſemble renuerſer les loix de nature, & en ce faiſant embrouïlle ſa ceruelle d'vn extreme deſordre. Mais les qualitez qui ne ſont fondees ſur les vertus, ou ſur les ſciẽces, comme ſur de fermes pilotis, ſ'esbranlent au premier vent.

Aux Illuſtres.

C'Eſt à mon aduis vn ſouuerain bien que la Nobleſſe, puis que tous les hommes naturellement la deſirent. Car qui eſt celuy de nous, qui ne vueille auãcer les ſiẽs à ce degré d'hõneur, par tous les moyens qu'il peut, & leur acquerir quelque perfectiõ par deſſus le commun, qui eſt vn commẽcement de nobleſſe, pour ceux qui n'ont par ce bon-heur d'eſtre néz d'vne race illu-

D

stre, vertueuse & genereuse. Mais pour en parler à la verité, ceux qui pésent estre nobles, pour
estre excellens en quelque sçauoir ou vertu , se
mescontent entierement. Cela ne suffit bas pour
aller du pair auec l'ancienne & vraye noblesse:
car en effect il se trouue peu de vrais nobles. Et
pour bien comprendre , combien ceste belle
qualité , merite de prerogatiue entre toutes les
autres ; faut sçauoir que la Noblesse est appuyee sur trois fermes piliers , qui la soustien-
nent & maintiennent : tellement que si l'vn des
trois vient à manquer , le bastiment prend
coup , & enfin se renuerse. Le premier & le
plus necessaire , quoy que l'on puisse dire au
contraire ; c'est l'ancienneté de la race illustre,
telle que l'on puisse conter. Plusieurs personnes excellentes en vne mesme lignee , comme
de grands Capitaines, Chefs d'armees, Gouuer-
neurs de Prouinces.

Enfantans triomphes & gloires,
Mille lauriers, mille victoires.

ET si l'on peut dire de mesme , comme
faisoit Helene, Ie suis de la race des dieux,
des deux costez , c'est vn grand poinct: car
l'alliance des richesses bourgeoises , tant bonnes mesnageres soient-elles , oste beaucoup
de lustre de la vraye Noblesse , ie m'en rapporte à Messieurs les Cheualiers de Malthe.

Dieu ſçait comme ces anciens Romains faiſoient parade de leurs anceſtres en tous lieux,
fuſt en public, fuſt en particulier, en mettant au iour leurs ſtatuës, & beaux faicts:
à fin de ſe conformer à vn beau modelle de
vertu & d'honneur. Le ſecond pilier qui
ſert d'appuy & de ſouſtien à la Nobleſſe,
c'eſt vne ame genereuſe. Mais conceuez
bien ie vous prie, comme i'entends ceſte ame
genereuſe, que ie n'oſe nommer generoſi-
té. L'homme genereux eſt celuy qui ne for-
ligne point du naturel de ſes anceſtres, &
qui ſe maintient ſ'il faut dire ainſi, en ſon
genre: c'eſt en ſa race & lignee, ſans ſ'aba-
ſtardir. Et de là vient le mot de gentil-hom-
me, qui eſt noble de ſa gent, genre ou lignee. En ce poinct, ie ne veux ſuiure quelques anciens Philoſophes, qui diſent que les
races par ſucceſſion de temps, ſe laſſent de
porter des hommes excellens, degenerent
peu à peu, & perdent leur premiere vigueur:
de meſme que les chãps fertiles & plantureux,
leſquels en fin, ne produiſent que des eſpi-
nes & des buiſſons. On dict de plus, que
ces ames genereuſes, par ſuitte de temps,
produiſent en leurs ſucceſſeurs des façons
de faire, non ſeulement allieres, mais bien
forcenees. Comme l'on raconte des deſ-
cendans d'Alcibiade, & du premier Denys Syracuſain. Et les lignees qui prennent leur origine dés perſonnes douces, &

attrempees en leurs mœurs, deuiennent en fin
lasches de courage. Comme nous lisons des successeurs d'vn Cymon Athenien, de Pericle & de
Socrate. Non non, il n'est pas ainsi, car nature
en l'homme produit tousiours d'vn bon nid, vn
bon oyseau : pourueu que la mauuaise nourriture n'abastardisse ce beau naturel. Et les Lyons
n'engendrent point des dains, ny les aigles royales des buses. Ie me ris de ces songe-creux, qui
font des interpretations à leur phantaisie, sur
les visions, racontees par l'historien Æmon le
Moyne, des Lyons, des Cinges & des Chiens.
Et bien les dogues que l'on nourrist à Venise,
pour faire combattre auec les Taureaux, perdent de race en race leur force & vigueur. Mais
cela ne peut auoir lieu en l'homme bien nay &
genereux, qui retient tousiours la vertu & grandeur de courage de son premier tige & de ses ancestres. Ce n'est pas en l'homme demesme, comme nous voyons aux plantes & aux bestes, que
les semences en changeant de terre, & d'air,
changent leur premier naturel. On dict bien,
que les Macedoniens s'estans habituez en Egy-
pte, en Babylone, & en Syrie, ont prins les
mœurs des pays, ausquels ils font leur demeure. Mais ces braues François, qui ont arboré
tant de fois leurs estendars en la Palestine, n'ont
point degeneré de leurs premiers ancestres.
Ainsi doncques ceste generosité des peres, passe iusques à la posterité, & luy appartient de
droict. Ie viens au troisiesme pilier, sur lequel
la Noblesse s'affermist, c'est la vraye vertu : Ie
dis ceste vertu masle & virile, prinse en son

vray fens, qui conuient à l'homme feul, que les
Grecs appellent Andreia, & les Latins virtus.
Ie fais eftat, dit Platon en fa Republique, d'vn
homme vaillant, qui maintient fa valeur & fon
courage, contre les plaifirs & defplaifirs, en
forte qu'il ne faict iuftement, que ce qui eft de
raifon, fans s'arrefter autrement au danger qui
peut furuenir. Par ce moyen il ne fe precipite
fans confideration comme les eftourdis, &
n'entreprend rien à la volee : neantmoins eft
fans peur aux honorables entreprinfes. Ainfi
Alcibiades aymoit mieux mourir cent fois, que
de viuré en peur. Et ce grand Capitaine Bayard,
f'eftimoit bien-heureux de perdre la vie pour le
feruice de fon Prince. C'eft luy qui bleffé à
mort & accablé de douleurs, fe fift tourner la
face vers l'ennemy. Mais ce qui eft plus à re-
commander en la vaillance des gentils-hom-
mes : c'eft que nous voyons ordinairement leur
grand courage, attrempé d'vne finguliere douceur. Au refte en leurs propos & façon de viure, les plus gratieux & courtois du monde :
neantmoins merueilleufement prompts & hardis en l'execution des beaux deffeins, fans cholere, fans precipitation : mefme quand il faut
aller fur le pré. Mais d'où vient cefte belle qualité en noftre Nobleffe : ce n'eft pas à mon aduis, pour auoir apprins à tirer des armes, à manier le floret, voltiger à cheual ; ny mefmes à
dreffer des efquadrons, ou ranger des batail-
lons. Non certes, cefte belle vertu fuit volontiers les beaux naturels bien nourris & efleuez.
Ainfi les Lacedemoniens, & i'en diray de mef-

me des François, comme ils auoit naturellement
la vaillance emprainte au cœur, ont de tout téps
mesprisé ces exercices, que l'on nomme academiques, ausquels les Italiens se sont addonnez,
depuis qu'ils ont quitté les armes & la valeur.
Aussi ne voit-on gueres de maistres d'escrime deuenir bon Capitaine; ny de ces Escuyers Academiques, deuenir bons gensd'armes. La raison est,
que la plufpart de ceux qui font profession de
tels exercices, n'ont pas le courage correspon-
dant à la parade. Doncques ceste vertu le ferme
pilier de Noblesse, le surgeon d'vn beau naturel
& releué, est vne puissance de l'ame qui supporte
constamment & sagement, les choses les plus ef-
froyables. Et l'homme vaillant sçait commander
non seulement à la peur, mais à ses appetits, & à
toute forte de plaisirs. Estant en tout dissemblable à ces effeminez, qui s'effrayent au premier
bruict du danger, se desreiglent sans mesure à
leurs appetits, & se desbordent entierement en
la iouissance de leurs plaisirs. Ne vous esbaissez
doncques si la noblesse ne veut aller du pair auec
le commun, estant si bien appuyee. Ce n'est pas
par vanité, ains par son propre merite, qui la réd
digne des grandes charges & honneurs. Mais si
tant est, que ce grand courage ne soit bien attrempé, pour tenir la bride ferme aux passions:
ce desir d'honneur ameine l'ambition de commander : tellement que s'ils ne paruiennent à
leurs desseins, ils troublent tout, & mettent les
Estats en confusion : par ce qu'ils ne vueillent
point de compagnons, & desdaignent extreme-

ment ceux qui peuuent auoir autant de valeur
& de merite, que leurs anceftres en ont eu de
leur temps. En tant que le paffé leur femble de
plus grand merite, & plus magnifique. Quel
remede direz-vous en cela, pour tenir la iufte
mefure. C'eft de boire quelque traict de noftre
fyrop aigre-doux, pour rabattre les fumees de
l'ambition de l'orgueil, & de la conuoitife. Et
par ce moyen, rendre le luftre & la fplendeur à
la vraye Nobleffe. Mais ce n'eft pas là où ie
dreffe le vol de ma plume, c'eft à ceux qui fe
penfent plus excellens que le commuu, plus
nobles que leurs deuanciers, plus dignes d'honneur que leurs compaignons. Et en effect toutes ces belles qualitez, dont ils fe veulent pre-
ualoir au preiudice des autres, font de bas or,
& ne fupporteront iamais comme ie croy, la
touche de mon burin. Ce font certains richar-
dets, frizez, rodomons, & courveftus, qui dedaignent en general le refte des hommes, encores qu'ils n'ayent aucune qualité, foit de
vertu, foit de fcience qui les puiffe recomman-
der.

Aux Magnifiques.

Donne moy Iupiter des vertus *&* du bien:
Car la feule vertu fans le bien, ne fert de rien.

Quelle plus belle qualité que d'eftre bien riche
& auoir tout à fouhait: car de tout temps les ri-
cheffes & les grands reuenus, font difference

entre les hommes en tous eſtats. Anciennement
à Rome, celuy qui auoit cinquante mille liures
de réte, ou quatre cens mille feſterces, à six blâcs
la piece, eſtoit enroollé au nombre des Cheualiers, ſelon la loy de Roſcius Othon. Puis quand
le reuenu venoit à manquer, & n'eſtoit baſtant
pour entretenir nobleſſe, on renuoyoit môſieur
le Cheualier à pied , au bas eſtage du commun
peuple. En France on fait bien les gentils-hom-
mes à meilleur compte; ſpecialemét en Beaulce,
en Moruant, & à S. Plaiſir. Et ſi la pluſpart n'ont
pas grand ſoin, de ſe faire plus riches que leurs
peres. Doncques les richeſſes releuent bien le
courage, & font eſtendre les plumes au Soleil.
Et c'eſt la raiſon, puis que les hôneurs & dignitez ſe peuuent acquerir par les moyens, & que
les richeſſes ſemblent comprendre toute ſorte
de bien. On voit auſſi à l'œil que le reſte du môde faict la cour aux richeſſes , & deſire par tous
moyens de les atteindre. C'eſt bien ce que diſoit
le Poëte Symonide, que l'on voyoit d'ordinaire
les ſages aux portes des riches : & partant qu'il
eſtoit meilleur d'eſtre riche que non pas ſage.
C'eſt pourquoy les richeſſes ſemblent à la pluſpart, tout le bô-heur de ce monde : tellemét que
ces ſages mondains diſent, que c'eſt manque de
courage ou de conduite, que de quitter ou meſpriſer les richeſſes. Et moy ie dis que c'eſt grâde
ſageſſe à ceux qui ſ'en peuuent paſſer, ou qui ont
mis leur cœur & leur deuotion, ſur vn plus beau
treſor que toutes les richeſſes du môde. Ie paſſe
plus outre, & dis que ces grands moyens don-
tât de peine à les côſeruer ſ ils ſôt acquis de lôg-

tẽps, & laiſſez de pere en fils. Tãt de martel en teſte, quãd il ſe faut enrichir tout à coup. Tãt de cõ-
ſideratiõs, pour tenir le rãg d'vn hõme de moyẽ.
Tãt de vices qui ſuiuẽt d'ordinaire les grãdes richeſſes ; orgueil, ambition, conuoitiſe, desbor-
dement à toute ſorte de plaiſir. La richeſſe.

> *Dreſſe touſiours le front trop haut;*
> *Et de ſon heur outrecuidee ;*
> *Court, nage, ſans eſtre guidee;*
> *De la raiſon qui luy defaut.*

Tellement que ſi le cerueau n'eſt bien thymbré,
ou que l'on ne ſoit muny de mon ſyrop, les humeurs ſe reduiſent en cendres. Les premiers de
ces richardins, ſont les enfans de bonne maiſon,
auſquels les peres laiſſent aſſez de moyens pour
viure de leurs rentes, ſans rien faire: tellement
que ces gens n'ont autre ſoin, que de compoſer des balets, faire les collations de confitures
aux dames ; iouër les piſtolles à trois dets, &
courir la poſte ſouuent ſans grand ſubieĉt. Mais
le pis, quand ce ieu a duré quelque temps il ſuruient tant d'affaires, tant de procés. Alors il faut
faire la cour au Clerc de monſieur le Procureur,
auoir d'ordinaire vn ſolliciteur à gaige : car tout
noſtre bien ne ſe peut conſeruer en France par
autre moyẽ. De ſorte, que certains Philoſophes
ont iugé, que la richeſſe eſtoit vn bon-heur in-
ſenſé. Apres ceux-cy marchẽt les champignons,
ou neophytes, gens d'eſprit & d'inuention, qui
par moyens ſubtils adiouſtent le bien d'autruy
auec le leur : ou pour mieux dire, & plus ſubtile-
ment, d'vn rien font de grandes & bonnes maiſons : tellement qu'eſtant paruenus au deſſus de

leurs desseins, ils vueillent paroistre sur l'ancienne noblesse. Tant de riches bastimens, tant de tapisseries estrangeres, tant de beaux habits. Somme ils font en tout insupportables, au prix de ceux qui ont leurs richesses acquises de long temps. Par ce que tels moyens nouuellement acquis, font comme de nouueaux soldats leuez à la foulle qui ne sçauent pas encores bien tenir leur rang. Le troisiesme degré des qualifiez est bien plus releué, car son but n'est pas d'employer les richesses aux delices du monde, & à toutes ces mignardises : ains de paroistre en grands honneurs, & dignitez, & de les acquerir à quelque prix que ce soit. Et ce qui leur donne plus de peine : c'est qu'il se faut rendre digne & capable, pour exercer ces belles charges, auoir vne grande preuoyance pour se maintenir en credit, & authorite : pour contrefaire le Baron, le Conte, ou le Viconte : ou bien pour tenir à vn grand office, afin d'estre respecté & honoré de tous. De plus ces grandes dignitez font veoir au iour & en pleine lumiere les actions des hommes : tellement qu'il se faut bien moderer en toutes ses passions, & faire bonne mine en public. Belle contenance entremeslee de grauité & de douceur. Mais s'il aduient que l'opinion du peuple, de ceste hydre à plusieurs testes, ne vueille courber le dos soubs ceste belle fortune des qualifiez : ils adonnent leur bon esprit, & ce grand courage, à rendre du desplaisir à ces mescognoissans, se fortifient de moyens

& d'alliances. Doncques pour se maintenir en
ceste bonne fortune dedans les termes de raison,
sans s'esgarer par trop du grand chemin, & em-
pescher que le sang ne deuienne amer, & que
l'on ne prenne les choses au pis, faut faire bonne prouision de mon syrop & en vser souuent.

Aux Braues.

C'Est vn grand cas, que l'artifice ne sçauroit
si bien imiter le naturel, que l'on ne reco-
gnoisse ce qui est contrefait & sophistiqué. Ie
veux que l'esprit subtil puisse tellement conce-
uoir, ce qui est de la nature, & de l'interieur,
que parapres il represente naifuement tous les
gestes, & mouuemens naturels. Ie suis d'accord,
que le peintre excellent donnera tellement les
viues couleurs, que le pourtraict nous resiouyra
plus que le naturel mesme. Ie diray plus que la
voix du rossignol contrefaite par artifice rauist
plus nos sens que le chant mesme de l'oiseau. Et
les singes nous donnent mille plaisirs en imitant
les actions de l'homme, ce neantmoins l'artifice, la sophistiquerie, & la singerie ne peuuent
iamais paruenir à la perfection naturelle. Ie dis
cecy pour ceux, lesquels iouënt si bien leur personnage, sur le theatre du monde, que les
plus fins iugeroient que c'est le mesme naturel. Voyez ie vous prie la demarche, &
le proceder, de ces grands riches hommes,
ou de ceux de riche taille, & de belle façon,

ſi vous ne les prendrez pas de prime face, pour
gens nobles & qualifiez. Mais ſondez de pres,&
touchez telles pieces de bas or, alors vous re-
cognoiſtrez tout à faict, que ce n'eſt qu'vne pure
biſerie, & vne vaine qualité ſans effect : tellement que ſuiuant le dire d'vn ancien,ceſte vie eſt
vne vraye maſquarade où chacun ſe deſguiſe.
Mais ſur tout les hommes du monde les Rodo-
monts, les Ferraque, les Tranche-montaignes,
tiennent le plus haut lieu du theatre : ſoubs vn
maſque de feintiſe,d'orgueil & d'ambition, C'eſt
icy où l'on peut crier à pleine teſte. Quantité des
vanitez, & rien que vanité. La terre ne ſemble
pas digne de ſupporter ces grandes merueilles
de nature. Les ruës ne ſont pas baſtantes pour
donner paſſage à ces grands perſonnages. Quel
remede, du ſyrop de pommes : certes il n'eſt pas
ſuffiſant, pour ceux qui reiettent toute douceur;
& quoy doncques de l'aigre-miel elleboriſé : ce
ſeroit iuſtement ce qu'il leur faudroit : mais ie
crains la debilité de leur cerueau. Nous ferons
vne autrefois vn vin magiſtral.

QVATRIESME SYROP POVR LES
CVRIEVX.

CHAP. IIII.

PRenez quatre liures de ſuc de pommes odorantes, ſuc de bugloſſe, ſuc de bourrache, de
chacun deux liures, ſené de leuant quatre onces,
ſafran deux dragmes, ſuccre refiné trois liures.

En ceste composition, le sené estant legerement concassé, sera mis en infusion dedans les
sucs durant vingtquatre heures, auec vne petite
ebullition : Puis le tout coulé, & doucement ex-
primé sera cuit à perfection auec le succre : pendant ce temps, le safran mis dedans vn noüet doit
estre soüuent remué.

Feruel a enrichy ceste composition de suc de
violettes de Mars & d'eau rose. Si tant est que les
Apothicaires veulent prendre la peine cela seruira de beaucoup. Car la violette i'entens celle
que les Grecs nomment Ion porphyron, qui est
de couleur de pourpre, estant froide au premier
degré, & humide au second : tempere l'ardeur de
la bile, & des humeurs bruslees, appaise la douleur de teste, fait dormir, tient le ventre libre,&
resiouïst le cœur. Pour l'eau rose, qui doute de
ces singulieres vertus. Tout est excellent & au
rosier, & en la rose. Le rosier c'est vn arbrisseau
cogneu d'vn chacun, de l'escorce grenee duquel,
germe vn bouton qui s'esleue en poincte : puis
rougissant s'entrouure, & monstre de petits cheueux dorez au milieu : c'est la rose princesse des
fleurs en beauté, bonté, odeur & couleur. La fille de Venus, la perfection & le compliment du
rosier. Car le fruict resemblant vne petite poire
musquee, de couleur orangee, & plein de grains
au dedans : est sans odeur,& a seulement quelque
vertu astringente. Mais toutes les parties de la
rose, outre leur beauté, sont merueilleusement
vtiles à la santé. En premier lieu, l'ongle qui est
le blanc des fueilles, est propre à mettre aux cly-
steres des dissenteriques. Le reste de la fueille

estaint l'ardeur des parties nobles, estant encores
purgatif tát pas la subtilité de sa matiere que par
sa proprieté specifique, les filets iaunes qui sont
au dedans, repercutent les deffluctions qui tombent sur les genciues. Et anthera qui sont les
grains à la cime des filets iaunes, & comme la
fleur de la rose, sert au crachement du sang, &
aux fleurs blanches des femmes. On demande
de quelles roses se doit distiller l'eau, & comment se doibt faire la distillation en quoy faut
m'arrester aux anciens noms des roses, ie dis que
nous auons quatre sortes de roses, bonnes, &
belles en perfection dont deux especes sont
rouges, & les autres deux blanches. Des rouges
les vnes sont incarnates, appellees commune-
ment roses de prouins les autres se nomment roses pasles. Les roses de Prouins resemblent fort
aux roses Milesiénes des anciens, à cause de leur
couleur ardente; & sont excellente à faire la
conserue de rose. Les pasles & communes ont
l'odeur plus aggreable; & sont plus laxatiues
Entre les blanches, les roses de damas qui sont
aucunement saffrannees; emportent le prix de
bonté. Ce sont les roses musquees, que Serapion
compréd sous le mot marsin. Les blanches communes sont en moindre estime. Ce neantmoins
leur eaue distillee est fort refrigeratiue. Or toute
la rose est froide au premier degré, & seche au
second. Le suc est chaud iusques au premier degré l'extremité de la fueille est de matiere tenue
& subtile l'ongle grossier & terrestre. Les filets
& grains stipliques le suc & l'infusion de roses
completes purgent la cholere; purifient le sang,

profitent à la iauniſſe, deſopilent le foye, & l'e-
ſtomac, confortent le cœur. La vertu de la roſe ſe
conſerue auec le petit laict, le miel, & le ſpica &
le ſuccre. Ne reſte que de ſçauoir cõment ſe doit
tirer l'eau roſe. Tous diront par diſtillation, qui
eſt vne extraction d'humidité ſoit aigueuſe, ou
acrienne, faite par la chaleur. Par ce moyen la faculté la plus ſubtile du medicament eſt ſaparee
de la matiere la plus groſſiere, & tiree du dedans
au dehors. Ceſte chaleur eſt du Soleil, du feu, ou
du fumier. Nous vſons plus ſouuét du feu, & par
ce moyé du bain Marye, auec les cédres chaudes,
auec la ſable, ou auec les alébics. Il ſemble que le
bain Marie ſoit plus propre à cõſeruer la naturelle ſaueur, l'odeur, & les qualitez de la roſe, & des
autres eſſéces. Il eſt vray que les eaux diſtillees en
ceſte façon ne ſont pas de longue duree, & perdent bien toſt leurs forces, ſi on ne les met au Soleil. Les alembics de cuiure & de plomb changent les facultez naturelles des eaux diſtillees.
Ce qui ſe void en l'eau d'abſynthe. Mais la terre
cuitte & le verre ne donnent aucune qualité e-
ſtrange. Mais ſçauoir ſi l'on doit diſtiller de l'eau
roſe, attendu que la fueille eſtant tenue, ſubtile,
& purgatiue, perd ſa force par l'exalation. Ainſi
le baſilic, la violette, la fleur de roſmarin, & les
medicamens purgatifs, ne ſupportent pas la diſtillation. A quoy l'on peut dire auec Galien, que
la roſe eſtant compoſee d'vne ſubſtance aigueuſe,
ſe, & chaude, a neantmoins en ſoy de l'amertume, & aſtriction terreſtre, ce qui peut empeſcher que ſa vertu, ne ſ'euapore par diſtillation.

Les Curieux.

I'entreprens la composition de ce quatriesme syrop nómé Sapor, non pas pour vn tas de curieux, appellez Polypragmons, & en autre langue millaffaires, car ie sçay qu'il n'est bastant, pour guerir ceste curiosité. Ie me reserue à vne meilleure occasion, pour donner remede à vne telle maladie d'esprit, causee d'enuie & de malice. Et à la verité c'est bié estre malin, que de s'enquerir trop auāt du malheur d'autruy. C'est bien vne estrange enuie de prendre plaisir, à sçauoir les conseils priuez de nos voisins : pour decouurir ce qu'ils tiennent clos & couuert. Ce galerne de curiosité, est vn vray percepierre, qui passe à trauers les Palais & antichambres des grāds: entre iusques au fouyer des pauures, & tire le rideau des personnes mariees. Ces ardens s'enquestent des races & familles d'vn chacun: content les debtes de leurs voisins, & attendent les changemens & decadences des maisons. Ces tourmentes ont perpetuellement martel en teste, disans.

Verray-ie plus le doux iour, qui m'apporte
Ou treue, ou paix, ou la vie, ou la mort.
Pour edenter le soucy, qui me mord
Le cœur à nud, d'vne lime si forte.

Ce sont des araignes, qui attirent le mauuais air des maisons, pour s'en repaistre. Ce sont des sangsués qui succent le sang corrompu: sçauoir les malheurs d'autruy, sans aucun fruit, si ce n'est pour contenter leur curiosité. Or telles gens s'estans

ſtans nourris long temps de ce venin de curioſité, ne peuuent changer leur façon de viure : de meſme ceſte fille nourrie du poiſon des le berceau, dont on fiſt preſent à Alexandre le Grand, perdiſt la douceur de la vie par le changement de viandes. Ainſi nos mill'affaires, à peine le pourroient changer par l'vſage de mon ſyrop ; ſi ce n'eſtoit auec vn regime exquis ; comme de rentrer en leur logis pour conſiderer de pres leurs imperfections. De ne point contrefaire les poules, qui vont touſiours grattant les fumiers d'autruy & laiſſent les leurs. De ne ſuiure plus ce Cleon Natolien, dont l'eſprit eſtoit en vn lieu, & la main en vn autre. De ne plus faire des comptes à perte de veuë. De paſſer les ruës ſans ietter les yeux à trauers des boutiques. De ſe tenir fermes ſans tourner la teſte, comme font les Preſidens au ſortir de l'audience. En ſomme ces gens là doiuent fuir toute ſorte de viande, & de diſcours, qui ſeruét plus pour la friandiſe que pour la ſanté. Fermez ie vous prie Meſſieurs les Curieux, les feneſtres de vos maiſons, qui ont veuë ſur les voiſins, & vous côtentez d'auoir des verres dormans. Eſtoupez ce trou punais, par lequel l'air peſtilentiel de curioſité ſe gliſſe dedans nos ames. Ouurez au contraire, les feneſtres à ceſte belle lumiere de franchiſe, & d'vn eſprit de paix & tranquillité. Si tant eſt que l'on vueille garder exactement ceſte reigle de vie, les remedes pourroient ſeruir, autrement non. Ainſi ce me ſeroit vne grande ſimpleſſe d'entreprédre l'impoſſible : attendu meſme que les perſonnes deſreiglees, ne reçoiuent iamais allegement par les remedes.

E

laiſſons doncques ces gens abandonnez des Medecins, & venons à ces beaux eſprits vniuerſels;
ces belles lumieres dis ie, dont les rayons percent à trauers de toutes les ſciences, qui peuuent
par vne prompte dexterité, tout veoir, tout cognoiſtre, & tout faire.

Aux Vniuerſels.

Diuins eſprits, dont la vigueur peut en vn
moment nombrer les eſtoiles; compaſſer
l'vniuers, comprendre tant de choſes diuerſes,
retenir le paſſé au threſor de memoire, preuoir
l'aduenir, & inuéter les ſciences. Quelle barricade, quelle trenchee, quel gabion peut arreſter le
cours de voſtre viuacité, & empeſcher que vous
ne franchiſſiez librement toutes les eſpineuſes
diſputes des Philoſophes, que vous ne compre-
niez en vn momét toutes les ſciéces. C'eſt vrayement eſtre vniuerſel, que de ne ſe point renfermer dedans les lices d'vne ſeule profeſſion, ains
ſ'eſgayer parmy les raſes campagnes, & à mille
bonds fouler les fleurs & l'herbe. Non non ces
beaux eſprits vniuerſels, ne ſe peuuent arreſter à
vn ſeul deſſein: ils ſont capables d'en manier pluſieurs, & ſ'eſleuent comme la palme, quand ils
ſont ſurchargez. Ainſi ce grand Alexandre, ayant
l'imagination forte, ne ſe contentoit du gouuernement d'vn ſeul monde, ains deſiroit de domi-
ner à pluſieurs. Et Iules Ceſar allant par pays, faiſoit eſcrire ſous luy, deux ſecretaires, tant ſon
eſprit eſtoit attentif à pluſieurs choſes. On dit
auſſi que c'eſt manque de courage, qui fait retirer
les eſprits foibles, du maniment des grandes affaires, pour mieux ſe tenir à couuert des orages:
mais il ne ſert de quitter les gràds vaiſſeaux, pour

ſe tapir dedans quelque petit eſquif, cela n'exempte point des tourmentes de la mer. Il me ſouuient de ces foibles cõplexions, qui ne peuuent ſuporter ny le chaud ny le froid, ny le moindre accident qui leur ſuruient, ſemblables à ces malades, à qui tout deſplaiſt, le Medecin les faſche, le lict eſt trop dur, les viſites de leurs amis les importunent. Au contraire les entédemens ſains ſ'adonnent librement à tout, & ne plient iamais ſous le faix. De meſme nos vniuerſels, nos belles aueilles voltigent de tous coſtez, pour recueillir toutes ſortes de fleurs, puis rangent leur cueillette en vn, & de ceſte diuerſité de ſaueurs par la bõté de leur nature, n'en font qu'vne ſeule mixtion, en changeant meſme l'amertume du thyn, en la douceur du miel. Ha! que noſtre ſiecle eſt fertile, & heureux en ces beaux eſprits. Vous le voyez fourmiller de tous coſtez, & courir à la prouiſion dedans les liures, pour baſtir leurs fourmillieres de toutes pieces rapportees. En peu de iours ils deuiennent poëtes, diſcoureurs, Moraliſtes, & Theologiens, ſans crainte de ces ſourcilleux critiques, qui les voudroient aſtreindre à vne ſeule profeſſion. Diſans, que tous nos cõſeils, deſſeins, & actions doiuent viſer à vn meſme blanc, & nos penſees attachees à ceſte loy que l'on nomme la guide de la vie, en ſorte que le tout fuſt poly, vny & liſſé. Tels Ariſtarques paſſent bien plus outre, qui mettét vn ſage, lequel ne ſuit qu'vn ſeul deſſein. Et ſi penſent que tous les autres ſoiét diſformes & bigearres. Et cõme les fruictiers de Tantale, qui cerchét ſans ceſſe, ce qui ne ſe peut trouuer. En encores font cõparaiſon des actions des

vniuerſels, auec des iardins de diuerſes fleurs,
ſuſpendus en l'air , qui n'apportent iamais vn
fruict meur à perfection. La vigne dit-on porte
le raiſin, & le figuier la figue. Ainſi chaque naturel doit ſuiure ſa propre inclination, & laiſſer
ceſte diuerſité de deſſein & ces ſecondes intentions, par ce qu'il eſt impoſſible de faire voile en
ceſte grande mer, ſans vn grand vent de vanité.

> *Si homme tu n'as le pouuoir*
> *De te cognoiſtre, & ta nature.*
> *Comment pourras tu bien ſçauoir,*
> *De ce grand monde la meſure?*

Ne voyons nous pas que les intelligences ſe
contentent de tourner chacune ſon ciel, ſans entreprendre ſur les autres, laiſſons à part ce ſage
des Stoiques, qui eſt parfaict en toute choſes, &
contons cela entre les impoſſibilitez de leur ſageſſe. Il eſt vray que ce grand Achille en Homere, eſtoit le plus vaillant des Grecs, mais non pas
le plus eloquent. Et ce vieil Denys Syracuſain fut
repris à bon droit, de ce qu'il vouloit ſurpaſſer
vn nommé Polyxene, en poëſie, & Platon en
eloquence. On compare encores ces grands entrepreneurs, à ceſt Vlyſſe depeint en Homere,
battu des orages de la mer, & ſuſpendu à vn figuier ſauuage. Il n'oſe laſcher ſa prinſe, encores que les bras ne le puiſſent plus porter, pour
crainte d'auoir pis, & de tomber en mer. Ainſi
telles gens eſtans agitez par les vents d'inconſtance, en continuel mouuement par les vagues
des opinions contraires , & trompez par la vaine apparence des choſes, ne ſçauent en fin à quoy
ſe reſoudre.

Aux Passagers.

VOila comme les desseins des hommes sont
bien diuers. Les Iacquemardiers ne peuuent perdre la veüe de leur clocher : les oyseaux
passagers roulent sans cesse, par le monde : ont
tousiours l'œil au guet , & le pied en l'air. Les
premiers preferent le repos , & la tranquillité de
leur esprit , à tous les contentemens , qui peuuent naistre de ces voyages lointains.

> *Que feroient-ils en telle saison*
> *Sinon oiseux à la maison,*
> *En suiuant l'oracle d'Homere*
> *Pres du feu faire bonne chere.*

Les autres ne peuuent contenter leurs desirs,
dedans le lieu de leur naissance ; ains se poussent
à nouueaux desseins.

> *Tant, & tant l'ardeur importune,*
> *De voguer apres la fortune.*

Quand est des passagers , leur dessein n'est autre , sinon de suiure leurs commoditez en tous
lieux. Semblables aux arondelles qui nous viennent voir l'Esté, & l'Hyuer crainte de necessité
quittent nostre climat. Ainsi les curieux passagers laissent le fer , l'acier , & les cheuaux de ce
pays, pour se repaistre des perles, des drogues
aromatiques , & des lingots d'or du Leuant. Ie
pense qu'ils voudroient encores, que le maïz des
Indes fust plus exquis , que nostre froment, &
leur mignol, que le muscat, ou la maluoisie : pour
tirer plus de commodité de leurs voyages. A ces
passagers , ressemblent fort les passeuolans , qui

font monſtre ſans toucher argent. Ce ſont certaines eſtoilles erratiques , qui brillent perpetuellement , & orés s'auancent , maintenant ſe
reculent, ſans aucun arreſt en leurs mouuemens,
comme gés qui n'ont rien de ferme ny de reſolu
en leur entendemét , & ſont touſiours en branle:
tellement que le moindre vent leur fait changer
de deſſein.

Meſure toy premierement,
Et te cognois, & te commande.
Et puis meſure entierement,
Le ciel, & la terre ſi grande.

Quel remede pour fixer ce Mercure volatile,
vn bon regime de viure, comme de ris, pour vn
peu engroſſir ces humeurs trop ſubtils. Des tor-
tues pour affermir leurs pas. Du ſyrop de pauot,
ou de nenuphar, ou bien du laudanon des para-
celſiſtes. Et qu'ils ne s'attédent pas à mon ſyrop,
ie leur dis franchement, ie l'ay dedié à d'autres,
que ie nommeray, s'il m'eſt permis par ces eſprits
raffinez, paſſe-pays: par ce que l'ardeur de voir
le monde, & contempler ce qui ſe trouue de plus
rare & admirable, en tous les pays, fait qu'ils ſur-
montent toutes difficultez fort librement.

Ce ſont ceux, qui trouuent le vent ſi à propos,
Qu'ils ne peuuent languir en caſanier repos.

Ces eſprits curieux ne peuuent eſtre renfermez
par ces grands rampars , des monts Pyrences,
& des Alpes , qui ſont les murs metoiens , entre
la France, l'Italie & l'Eſpagne. Ces foſſez à fonds
de cuue, le Rhin, & l'Oceean, qui nous ſeparent
de l'Allemand, & de l'Anglois , ne peuuent borner leurs deſirs. Pythagore porté de meſme af-

fection, alla visiter les sages du grand Caire. Et Platon voulut apprendre les mysteres des Egyptiens, & la sagesse des Tarentins. De nostre téps Postel, Theuet, Belon, & de l'Hery, ont outrepassé le destroit de Gilbatar où ce vaillant Hercules planta sa massuë en forme de bourdon, & en fist deux coulonnes, pour fermer le passage à tous les curieux. Ie ne sçay pas si à leur retour ils furent plus sages, ou plus riches. Ce n'est encores rien, au prix de Vespule, celuy qui s'est acquis le surnom d'Americain. Depuis Fernand, Cortez, & les Pisarres ont suiuy de pres la piste des premiers.

> *Masles cœurs de rocher, dont les nobles labeurs*
> *Ont veu l'autre Neptune, incognu de nos voiles,*
> *Et son pole, marqué de quatre grandes estoilles.*
> *Ont veu diuerses gens, & par mille dangers,*
> *Sont retournez chargez de lingots estrangers.*

Quel fruict, me dira quelqu'vn, de ces longs voyages, quelle recompence de tant d'ennuicts. Les membres brisez de vieillesse, vn naturel desguisé, vn meslange de diuers humeurs en la phantaisie, ou ceste Cosmographie donne d'estranges impressions, qui s'entrechoquent l'vne l'autre. On dit bien à la verité, que les plantes ne sçauroient rencontrer vn lieu plus propre, que celuy de leur naissance, l'homme seul se bannist volontairement de l'air que premier il respire; pour conquerir la toison d'or, ou pour contenter ses opinions.

E iiij

Aux Antiquailleurs.

IE fay bien eſtat du deſſein de ces rares eſprits, qui nous eſclairent parmy les tenebres de l'antiquité. Les premiers que ie nommeray auec permiſſion authentiques , nous font voir à l'œil, quels nous ſommes , de noſtre premier eſtoc: ſçauoir naturels du pays , ou bien eſtrangers, Troyens, ou Franconiens ; & comme de pere en fils , d'aage en aage , nous auons ſuccedé à nos anceſtres. Nous liſons en leurs hiſtoires les loix les couſtumes, la police & diſcipline militaire de nos premiers François : enſemble la façon de viure des anciens Druides , & leurs Metempſycoſes Pythagoriques. Le tout ſans flatterie , vanité , ou menſonge. Vous m'en ſerez teſmoins, les lumieres de nos antiquitez Gauloiſes, Iules Ceſar, Ammonius le Moine, & le fauchet. Les ſeconds curieux de l'antiquité , ſont comme vrays originaires : des Varrons, des Turnebes, qui ſçauent la premiere origine des termes anciens ; qui tiennent la clef, & les reſors des plus belles ſciences , & nous dõnent entree dedans ce beau parterre, pour y cueillir les fleurs les plus rares de toute l'antiquité. Ceux cy n'ont aucun beſoin de mon ſyrop , par ce que les ſources fecondes de leur eſprit peuuent ſans peine faire ruiſſeler les eaux claires,& nettes. Mais les compteurs & les medailleurs, dont l'artifice eſt penible,me tendent la main, pour auoir du ſecours, crainte de ce faſcheux humeur melancholique, qui ſ'eſt emparé de leur ceruleu. Ces compteurs

icy de fables entrent, & fortent auec vne grande frayeur dedans le ventre de ce monftrueux
cheual de Troye, pour y picorer quelque fable
moitié des Grecs, puis defcendent par vn vieil
efcalier tout pourry dedans la grande mer des
hiftoires, afin de pefcher à la ligne des huitres
en efcaille : & de la vous oyez bruire des fon-
nets & des ftances. Ie compare en fin les medailleurs, non pas à ces plumeteurs du Palais, diligens à minuter les plaidoyers des Aduocats, &
les arrefts de la Cour : mais bien à des fcribes
qui forment leur lettre par mefure & compas,
comme s'ils vouloient par plaifir leuer l'efcritu-
re d'vne vieille medaille effacee. Cefte curieufe
recherche de l'antiquaillerie felon Platon, refent
fon trop de loifir, & peu d'occupation neceffaire. Dequoy fert, dit-il, de fçauoir fi les ifles at-
tlantiques ont efté cogneuës depuis dix mil ans:
& fi les vagues de la mer, & les tremblemens de
la terre, ont fermé les paffages iufques à noftre
temps, auquel l'Amerique a efté defcouuerte.
Ceux-cy ne font pas moins curieux, à mon aduis,
non pas en la recherche de la mer des vieilles hiftoires: mais bien pour entaffer des médailles:
pour quefter des vafes faits à l'antique: pour en-
leuer quelque efchantillon d'vne vieille ftatuë;
ou ie ne fçay quel cuiure roüillé ; furquoy ces
medailleurs baftiffent de grands deffeins en l'air,
& dedans les eaux falees, pour fonger les fonda-
teurs des anciennes ftructures. Toutefois il en-
reuient quelque profit, ie le confeffe, mais c'eft
à ceux qui fçauent fous cefte couleur, fureter les
cabinets & en tirer des pieces enluminees, & des

dailles argentees. Puis n'eſt-ce pas du conténte-
ment à ces Proſopographes, de ſe mirer dedans
les viſages de ces grands demy-dieux & ler voir
face à face. Encores pour enrichir le conte, on
met quelque vieil epithaphe à demy biffé, & rap-
piecé, ou bien on inuente de nouueau des mo-
numens dreſſez ſur vn modelle antique de gros
Latin mal eſtamé.

CINQVIESME SYROP POVR LES ALEXANDRINS.

CHAP. V.

PRenez adiante blanc, racines & fleurs de
bugloſſe, & de bourrache, polypode, epithyme de chacun vne once, ſené fumeterre, camomille, ſthocras de chacun ſept dragmes germandree, ionc odorant, ellebore noir de chacun trois dragmes: ſuc de pommes douces huiɔ̆
onces. On fera cuire le tout en trois liures d'eau,
horſmis le ſuc, & l'epithyme, iuſques à ce qu'il
n'en reſte que deux liures. Alors faut adiouſter
l'epithyme, & luy donner vn boüillon : puis couler la décoɔ̆tion, & y adiouſter le ſuc auec deux
liure de ſuccre.

I'ay fay ſortir de l'arſenac de mes remedes, les
doubles canons, les pieces de campagne, & de
batterie, & les orgues, pour attaquer viuement
la rebellion des humeurs melácholiques. Voyez
d'vn coſté l'ellebore noir, le ſené, l'epithyme,

la fumeterre, & le polypode. Voyez de l'autre
cofté l'adiante, la camomille, le fthoeras, la ger-
mandrée, le ionc odorant, l'eupatoire. Mais à
quoy direz vous tant de fimples de diuerfes facultez, & vertus pour combatre vn feul humeur.
Certes il femble que leurs forces foient petites,
puis qu'ils fe rangent ainfi par trouppes, eft-il
poffible que toutes les facultez de ces fimples
fympathifent par enfemble. Car auant que de
mefler les medicamens, & les affocier, on doit
cognoiftre leur mutuelle fympathie, & antipathie. Et ceux-là font des idiots, dit Mefué, qui
penfent que tous les medicamens puiffent vnir
leurs facultez. Il eft vray que l'orme & la vigne
fe marient heureufement enfemble, les racines
du meurthe, & de l'oliuier s'embraffent mutuel-
lement, & le pin tire à foy le chefne, comme fon
amy : la canne & l'afperge s'entraiment, & la ruë
femee pres le figuier a plus de vertu. Mais le guy
& le lierre ont anthipathie auec tous les autres
arbres. L'oliuier & le chefne font ennemis iurez,
& fi ne peut encores le chefne s'affocier auec la
vigne, & le noyer : le chou & la ruë font fans fympathie. Voyez l'antipathie entre le loup & la bre-
bis : entre le milan & le poulet : entre le coq & le
lion. Et la befte nómee catablepha a telle antipathie auec l'hóme, que de fon feul regard elle peut
tuer de mille pas. Mais pofons que tous ces fimples fe puiffent affocier, par bon accord & fympathie. Ie demanderois volontiers pour mef-
gayer, fi la faculté purgatiue du fené, & de l'élle-
bore demeurera en fon entier, apres la mixtion :
car il femble que cefte faculté purgatiue, eftant

comme l’on dist formelle & subltantielle , ne
peut receuoir alteration ou changement sans se
corrompre. Ainsi puisque la mixtion ou composition ne se peut faire, sinon entant que les
qualitez par mutuelle action , & alteration se
reunissent en vne mesme faculté. Qui doutera
doncques que la faculté purgatiue de l’ellebore,
ne soit alteree en ceste composition , & par con-
sequent corrompue. A quoy ie respons que les
premieres qualitez du medicament, comme chaleur, froideur, siccité & humidité font bien alterees par la mixtion: mais la faculté formelle
demeure en son entier. Donques dira quelqu’vn,
les trochiques de vipere, qui entrent en la the-
riaque, retiennent sans alteration, leur faculté
de la terre. A cela, ie dis que ceste faculté, qui est
formelle en la vipere, se corrige non pas par alteration, ains par association d’vn antidote pre-
seruatif des parties nobles lequel ayant vne proprieté occulte, directement opposee au venin
peut neantmoins se mesler auec iceluy. D’autres
medicamens qui ne semblent pas contraires en
apparence , ne peuuent reunir leurs facultez:
comme le raifort & le gingembre. De mesme
l’ambre, le coral, & la noix de galle, ne peuuent
associer leurs vertus auec la scammonee. Ie reuiens à mes premieres brisees, & dis que la de-
scription de ce syrop composé, se lit en la Pratique de Mesüé, au chapitre de la Cephalagie
melancholique. Tellement que tu vois qu’il est
dressé contre diuerses indispositions : partant
auoit besoin de diuers medicamens. Ioint que
l’ellebore demandoit ces propres correctifs. Or

fus quel adiante mettrons nous, le blanc, ou le
noir:car Theophraſte met ces deux eſpeces.Tou-
tesfois Galien parle des deux, ſous le nom d'adiante: diſant qu'il eſt temperé en chaleur & froideur,deſiccatif & reſolutif: nettoye les conduits
de la poictrine, & prouoque l'vrine. De plus
Meſué luy donne vne faculté de purger & purifier le ſang, & de deſopiler. S'enſuit le polypode
du nombre des medicamens melanagogues: &
de plus abondant en ſuperfluë humidité: ce qui
peut corriger l'exceſſiue ſiccité de l'ellebore.
Mais l'epithyme par prerogatiue, purge la melancholie cerebrate auec grande facilité, & ſ'aſ-
ſocie heureuſement auec l'ellebore noir, & les
myrobolans Indiens. Tu choiſiras celuy qui
croiſt ſur le gros thyn, côme le meilleur de tous,
& qui eſt tourné au midy. Ie dis qu'il croiſt ſur le
thyn, eſtant comme vne cheuelure à l'entour du
thyn, & n'a point de racine qui luy ſoit propre.
De meſme que l'herbe appellee hepatique, la
mouſſe, le polypode & le guy de cheſne. Tu de-
manderas comme telles plantes ſont produites
ſans ſemence. Ie dis par l'humeur vital, & viuifiant de la pláte qui les ſouſtient. L'epithyme eſt
chaud & ſec iuſques au troiſieſme degré. Que
diray-ie de la fumeterre, ſinon que c'eſt vn ſingulier remede, qui prepare & purge la melácho-
lie, & neantmoins fortifie les viſceres, ſans ap-
porter aucune incommodité.Vray eſt que la ſur-
face eſt vn peu amere & acre: auſſi la plante eſt
reputee chaude, iuſques au premier degré, & ſeche au ſecond. Quand eſt de la camomille ſon
vſaige eſt en ce ſyrop de digerer,ſubtilier & rare-

fier les humeurs groſſieres,àquoy luy ſert ſa chaleur temperee: bref nous voulons munir, & defendre toutes les parties nobles en ceſte compoſition. Donc tu y adiouſteras le ſthoecas Arabic.
I'entens la fleur qui eſt la partie la plus vtile, &
la plus exquiſe, & apres la fueille. Ceſte fleur en
Dioſcoride ſert de contrepoiſon. De plus en
Meſué partie de la melancholie, & le phlegme
conforte le cerueau & les nerfs. L'odeur en eſt
aggreable, mais la ſaueur en eſt aucunemét amere & piquante. Ce qui vient de ſa chaleur,qui eſt
en matiere terreſtre : car le ſthoecas eſt chaud au
premier degré & ſec au ſecond. Pour luy donner
plus de force & de vigueur : on l'infuſe en petit
laict : en ſuc de pommes, ou de bugloſſe. On le
meſle auec ſel gemme, auec les myrobolás noirs,
ou cepule : auec l'oignon marin, ou auec les paſſules. Du reſte le pourtraict de la plante eſt fort
beau, la tige eſt menue, de la hauteur d'vne cou-
dee, les branches minces,la cheuelure comme
du thyn,les fueilles grandes, les fleurs cóme d'vn
eſpic de bled; la fleur celeſte, la graine à trois
coins,& de couleur fort rouge,& luiſante. Nous
auons encores la germandree,qui eſt trixago des
Latins, & chamedris des Grecs, recommandee
par Galien, pour ramollir la ratte, & ſubtilier les
humeurs groſſiers : eſt chaude & ſeche au tiers
degré. Ne reſte que l'eupatoire propre à conforter le foye & le defendre de la malice de l'ellebore. Mais quel eupatoire mettrons nous, celuy
de Dioſcoride, ou d'Auicenne, ou de Meſüé,qui
ſemblent differens en leurs pourtraicts &vertus.
Pour moy ie diray que celuy de Meſüé nous eſt
peu cogneu, & que l'on peut ſubtilier celuy de
Dioſcoride,qui eſt agrimoine.Le ionc odorant a

les mesmes vertus de fortifier le foye, & si resiouïst par sa bonne odeur. Ie viens au sené de Leuant nommé d'aucuns delphinion ou sosandre,
parce que les gousses du sené recourbees en fau-
cille representent aucunement le dauphin. Ioint
qu'il ne se trouue aucun simple qui aye tant de
rapport auec nostre sené, que le delphinion. Que
si les marques & proprietez ne se trouuët si bien
empraintes, & grauees au chapit. de Dioscoride,
que l'on desireroit. Disons que le lieu peut estre
alteré par le temps, & qu'il n'est pas à croire que
ceste plante tant exquise ne soit esté cogneuë des
anciens. Or de dire que le sené, soit le baguenau-
dier, ou colutea de Dioscoride, ie n'en croy rien.
Les fueilles viennent de Leuant, sont chaudes &
seches au second degré, & aucunemët detersiues.
Le sené par sa proprieté specifique, purge la cholere, le phlegme, & sur tout l'humeur melancholique contenu en la ratte: donne force & vigueur
à tous les sens, & resiouïst le cœur. Si les fumees
melancholiques montent iusqu'au cerueau, alors
faut par le conseil de Mesüé, donner du vin de
sené, au lieu de syrop, parce que le vin portera
mieux la vertu du sené à la teste, & si resioüira. En
ce cas, sera bon de lauer la teste auec decoctiõ de
sené, de camomille, & de bõ vin. Cela fait exhaler
les fumees. On recommande encores le syrop de
sené vert, & l'infusion. Ne reste que l'ellebore.
Paul Eginete prefere le blãc au noir, & Galien de
mesme sur le cinquiesme aphorisme du premier
liure. Les Arabes tiennent que le noir est moins
nuisible à la santé, moins vomitif, & plus propre
à purger les humeurs noirs. Faut donc prendre
l'ellebore noir qui a les fleurs rouges, non blanches, ny vertes, & que la racine soit fort noire.

c’eſt la partie qui nous ſert à purger la melancholie, & faut oſter le cœur, & retenir ſeulement
l’eſcorce d’alentour, le meilleur eſt piquant au
gouſt de la couleur d’aſaron. Galien le met chaud
& ſec iuſques au troiſieſme degré. C’eſt vn vaillant capitaine, diſoit Herophyle, qui entre &
ſort le premier de la meſlee. Le moyen de corriger l’ellebore, c’eſt de l’infuſer en boüillon de
manne, ou bien en eximel, non pas en hypocras.
Aucuns mettent les trenches dedans le raifort,
puis oſtent l’ellebore, & ſe ſeruent de raifort.
On prepare encore le ſel d’ellebore.

Aux Alexandrins.

LEs curieux, & les Alexandrins, que ie mets
icy de ſuitte, ſont à mon aduis de meſme humeur. Les vns pour contenter leur eſprit, deſirent de ſçauoir tout & de voir le monde, les rare-
tez & perfections d’iceluy. Les autres ont vne
extreſme ambition d’eſtre veus du monde, & paroiſtre par deſſus le reſte du peuple. En quoy ie
les parangonne à ce grand Alexandre, la terreur
de l’vniuers : lequel bruſlé de ceſt ardeur de paroiſtre, mit tout le monde en feu. Ainſi nos poëtes François ont appellé leurs vers heroiques
Alexandrins, comme les plus releuez & altiers
de tous. Et moy ie dis que les cedulles faictes en
ratelier, de belles & grandes ſommes, ſont
vers Alexandrins, qui entonnent vne muſi-
que ſi haute, ſerpentine, & organiſee ; que
les giroüettes des ſuperbes Palais en ſont ſouuent eſtonnez : mais quoy, les hautes entrepriſes
tirent

tirent touſiours apres elles, vne infinité de dan-
gers. C'eſt pourquoy i'ay penſé que ces compo-
ſeurs de vers Alexandrins, auoient beſoin de
mon aide, en ceſt extreme ardeur qui les bruſle
de paroiſtre à quelque prix que ce ſoit. Ceſt vn
enthouſiaſme, vne fureur poetique qui les enleue par deſſus les montagnes, & ce qui me preſſe
plus de leur preſenter le remede, c'eſt qu'ils ne
peuuent pas garder la meſure en leur vers, &
prennét trop de licéce. Ce n'eſt pas que ie veuille
entierement eſtaindre ceſt ardeur, par vn ſyrop
glacé, qui les rende chicſefaces, pincemailles, ou
de la leſuiande, ceſt tout mon ſouhaiſt, qu'ils
puiſſent tenir la meſure, entre le trop, & le trop
peu. Mais le mal en cecy eſt, que la pluſpart ſe
trompe en telle poeſie, car choiſir vn ſubieſt delicat, eſcrire mignardement, & meſurer ſes ſyllabes à compas, ne rend pas l'homme excellent
poete. Il faut que la ſource feconde de ces beaux
vers, ſorte à plein tuyau claire & nette. De meſme tous ces petits mignons, qui meſurent leurs
pas à la cadence, ne ſont pas propres à faire les
vers Alexandrins, ſi le fons de leur magazin n'eſt
tel, qu'il puiſſe fournir ſans ceſſe vn grand reuenu. Cela fuſt bon pour vn certain Athenié nommé Hipparque, qui fiſt voir le premier à ſes Citoyens les liures d'Homere à grands frais, en-
uoya vne Gallere de cinquante rames, au poete
Anuereon pour le cõduire en la ville d'Athenes,
tenoit d'ordinaire auec ſoy le poete Symonide,
fiſt dreſſer de magnifiques colomnes en tous les
carrefours, enrichies de belles deuiſes, comme
de ſe cognoiſtre ſoy-meſme, rien de trop, eſtre

iuste, garder la foy à son amy. Et Alexandre le grand departist à ses amys, les grands thresors de son pere, engagea la plufpart de son domaine, & si fist vn vers Alexandrin de deux cens talens. Et Iules Cesar surmonta en cefte poesie tous ces deuanciers, eftant endebté de mille trois cens talens auét que d'entrer en charge publique. Marc Anthoine debuoit des sa premiere ieuneffe deux cens cinquante talens. Certes on peut nombrer ceux cy entre les grands poetes Alexandrins, mais ie pense que les creanciers fuffent efté bien esbays, si Cesar & Alexandre fuffent retournees à vuide de la guerre. Ceft à la verité iouer au quiéte ou au double, & n'appartient pas à chafcun de coucher de son refte, & mettre tout hors de l arriere boutique. Ceft faire le facrifice des anciens nommé Protéruie, ou l'on iectoit au feu, ce qui reftoit du feftin. Icy quand tout eft fricaffé, & que l'on ne peut pas conquefter des Empires, ne refte finon de continuer, & iouer au Roy qui defpouille, ou bien prendre de ceux qui ne doibuent rien, & nier nos debtes. Quel moyen de f'en preferuer.

> *Veux tu fçauoir, qu'elle voye*
> *l'homme à pauureté conuoie,*
> *Efleuer trop de Palais,*
> *Nourrir trop de valets.*

Mais les releués, les fplendides, & les fumptueux, ne peuuent de leur naturel s'afubiectir à ces regles d'Arithmetique, & ne veulent ny mefure, ny compas.

Vure à la grãdeur, reluire en toute ses actiõs,
paroiſtre par deſſus le cõmũn, ne ſont pas
œuurés de peu de merite, parce que la grãdeur, &
ſplendeur ne peut vrayement ſubſiſter, ſans vne
infinité de belles parties. L'eſprit releué, la bonne grace en toutes choſes, vne ſinguliere faueur
de fortune, & les grands moyens ſont les cou-
lomnes, & arcboutans à ſouſtenir la magnificen-
ce. Ce bel eſprit, & releué, ne s'amuſe pas à planter des choux, comme faiſoit Attalus, à tourner
des fuſeaux au tour, ou à faire des pointes d'eſ-
pee. Mais bien à baſtir des maiſons Royales, dreſſer des galeries, enrichies de toutes ſortes de
pourtraitures, tirer des longues allees, renfermer
des beſtes fauues dedãs des parcs, compaſſer des
viuiers en forme de lacs, faire des robes ou tous
les aſtres ſoient en brodèrie d'or, comme fiſt iadis le preneur de ville Demetrius, porter des en-
ſeignes eſclatantes de rubis, & de diamans, dreſſer vn magnifique train, veneurs, faulconniers,
pages, laquais, auſmonniers, la comedie, la muſi-
que, caroſſes, litieres diaprees & enrichies. Et ſi
ceſt perſonne qui prenne plaiſir d'aller ſur mer,
que le vaiſſeau ſoit doré, les rames argentees, les
voilles de pourpres, le pauillon de toille d'or, &
à l'entour force nymphes graces, & cupidons, les
matelots habillés de meſme. Sur tout table ou-
uerte, & magnifiques feſtins ſans fin auec fleurõs,
parfuns, & flambeaux, vins delicieux, viandes exquiſes, 8. ſangliers à la broche, cõme faiſoit Marc
Anthoine. Qui dira que telle ſplendeur ſe puiſſe
maintenir, ſãs vne grãdeur de courage & d'eſprit.

Ce n'eſt doncques ſans raiſon que les ſplendides
ſont nommees le ſucre, la douceur, & la ioye du
peuple. Mais chaſcun ne peut atteindre à ceſte
ſupreme grandeur, la pluſpart abayent à la lune
ſans la mordre. Ce ſont ceux qui font parade de
leur vaiſſelle d'or & d'argent, content leurs rentes en public, frizent leurs cheueux, ſe parfumét,
& contrefont leur demarche, fort delicats & de-
daigneux. Puis ceſte grandeur imaginaire ſe con-
uertiſt en fumee melancholique. Or ſus que
telles gens boiuent de mon ſyrop à longs traicts,
& ſi i'en veux reſeruer à ceux qui ſont le miel &
la douceur du peuple, car leur ſplendeur & grandeur eſtant ſubiecte au reuers de fortune, ne ſe
peut ſi bien maintenir qu'il ne ſuruienne quelque triſteſſe comme chaſcun ſçait, que ioye, eſpe-
rance, triſteſſe, & craincte ont les cheueux en-
lacés tellement les vns parmy les autres, qu'elles
s'entreſuiuent d'ordinaire. Le ſoleil ne darde pas
touſiours, & en tout temps ſes rayons ardens, ce
ſeroit pour tout griller, & diſſiper noſtre chaleur.
La lune terniſt ſouuent ſa taye, & ne demeure iamais deux nuicts de ſuitte en meſme eſtat. Ainſi
nous apparoiſt en croiſſant, & decroiſſant de diuerſes façons, en ſomme la vie ſplendide reſſem-
ble proprement à ceſte mer que les anciens appelloient Euryppe, laquelle eſtant continuellement agitee de vents, & d'orages, ſe leue inſques
au Ciel, puis ſe fond en vn moment. Et en meſme iour, ſon flux & reflux va & reuient par ſept
fois. La ſplendeur de Marc Anthoine fut bien
toſt obſcurcie, & luy reduict quelquefois au petit pied, n'ayant qu'vn Philoſophe, & vn diſ-

coureur pour toute compagnie, & petit bruit à
sa table, encores voulut-il faire le Timon Athenien, en se retirant seulet. Cest en ce temps, qu'il
faut vser de syrop de pommes, attendant le retour du soleil, le plein de la lune, & le reflux de
la mer. Et pendant ceste grande splendeur, faut
à la maniere des Empereurs qui faisoient leur
entree triomphante à Rome, auoir vn homme
au derriere du chariot qui crie à pleine teste.
Souuiens toy que tu es homme. Scauez vous
qu'il aduient à telles gens, iustemét le songe d'vn
Roy nommé Antigonus, c'est qu'ils sement la
mine d'or, de laquelle n'aist vne moisson doree
en apparence : mais en effect ce n'est qu'vne
paille sans grain, par ce que les oyseaux mangent
tout, ce sont les flatteurs & escornifleurs. Et
combien de trouble d'esprit, combien de martel
en teste, pour bien iouer ce personnage. Il faut
dresser le theatre, louer les habits du tripier, men-
dier les parties de musique, & apprendre par
cœur son rollet. Diogenes maintenoit mieux sa
splendeur, à petits frais, & sans composer des
vers Alexandrins. Il tournoit seulement la fene-
stre de son tonneau vers le soleil, & iamais ce
grand Alexandre ne luy peut faire ombre, car de
puissance absoluë il le fist retirer. Ie dis de plus
que la splendeur apporte vn grand changement
en la façon de viure des hommes, voiés comme
les successeurs d'Alexandre en prenant le diademe, changerent soudain leur premiere façon de
viure. Ainsi vn certain poete disoit, que les honneurs, les vanités, & les magnificences cor-
rompoient plus les mœurs des hommes, que

F iij

non pas la comedie. Puis ceste splendeur tire à
soy vn móde de gens inutiles, qui peruertissent le
beau naturel des splendides, en leur faisant croire
que tout est permis, & que pour viure à la grandeur, il faut estre altier, superbe, & de difficile ac-
cés, afin que le peuple leur porte plus d'honneur,
& de respect. Ainsi les passions de l'ame desbri-
dees par ceste vermine, foulent aux pieds, les conseils de la raison. Que seruist au Roy Demetrius
de frequenter le Philosophe Stilpon, homme
doux, paisible, & moderé. Car soudain la passion
le transporta, & deuint turbulent, & insolent
Bref, ceste splendeur est vn chemin glissant, pour.
tomber tout à plat dedans l'abysme des vices. Ce
Demetrius pour iouyr de la belle courtisane Cte-
sipolis, quitta ses belles entreprises, & tomba peu
s'en fallut entre les mains de ses ennemis. Marc
Anthoine de son naturel, fust noble, franc, magnifique, gracieux, eloquent, & vaillant. Mais en
fin il prefera les plaisirs, & les charmes amou-
reux à l'honneur, & mist tellement son esprir à
ces vanités, qu'au lieu d'equiper ses vaisseaux,
d'armes, & de bons hommes pour le cóbat, comme Cesar Auguste auoit faict, il s'amusa à ces fan-
fares ordinaires, & les remplist des ministres de
ses plaisirs. Voicy la fin de ses folles despenses.
Estant espuisé de moyens il se rua sur les confis-
cations, enleua les tresors mis en depost au temple des Vierges Vestales, fist deux cueillettes en
mesme annee, donna la confiscation d'vn homme
riche à son cuisinier. Et l'Empereur Caligule
apres toutes ses magnificences, eust recours à
toutes sortes de violentes exactions. Doncques

à bon droict le viel Caton iugeoit, que tout le
bon heur des richesses consistoit en l'vsage necessaire, & non en la superfluité. Partant esta-
blist des loix fort seueres contre telles despenses excessiues, comme d'en payer quelque tribut
à l'estat. Mais moy ie ne suis pas si rigoureux enuers les splendides. Il me suffist de leur monstrer
ı doigt, le remede de leur mal.

Aux Delicieux.

LE moyen de viure heureusement en ce monde, cest d'accōplir ses desirs, desgaier libre-
mēt ses appetits, & de ioüir à souhaict de tous
ses plaisirs.

> *Pour boire dessus l'herbe tendre,*
> *Ie veux sous vn laurier m'estendre,*
> *Et veux qu'amour d'vn petit brin,*
> *Ou de lin, ou de cheneuiere,*
> *Trousse au flanc sa robe legere,*
> *Et my-nu me verse du vin.*

Cest le bon-heur, auquel tous nos desseins vi-
sent en effect. Car en apparence magnifiques
paroles, colorees d'vn beau pretexte, sçauoir est
qu'il faut conseruer la nature, afin qu'elle main-
tienne le calme en ses passions. Et par ce moyen
ne s'eslance point en la queste & poursuitte des
choses estrangeres & inutiles. Qui plus est les
delices seruent pour vn peu destremper l'a-
mertume des affaires du monde, & adoucir

l’aigreur, pour recreer les esprits espuisés par
vn long estude. Et quoy les naturalistes ne nous
enseignent-ils pas, que toutes choses sont faictes pour seruir à l’homme de conseruation,
d’appuy, & de soustien en son estre. Car nous
sommes dient les Philosophes la fin, à laquelle se
rapportent toutes choses. Ainsi les plantes sont
faictes pour les bestes, & les bestes pour l’homme, les priuees pour le seruir, & nourrir, & les
sauuages pour le vestir & armer. Bien plus au
premier de la sagesse, la nature est esclaue de
l’homme. Et quoy supporter les ardeurs de l’esté,
les maladies de l’automne, la rigueur de l’hyuer,
sans cueillir les fleurs du printemps? Quoy fuir
les compagnies, se retirer du ieu, ne tenir compte
des festins. Cest bien estre mort au monde, quand
tous nos sens ont perdu leur vsage. Nos yeux
doncques n’auront pas le plaisir, de veoir les
beautees, nos oreilles d’ouyr la musique, & les instrumens, la langue de gouster les douceurs, la
main de toucher les mignardises, quoy reiecter
les allechemens que la nature nous presente, &
viure en peine perpetuelle? C’est bien semer noi-
se en la maison, que de contrepoincter la raison
contre le desir naturel, & les delices. C’est fuir la
lumiere, & porter enuie à soy mesme. Quoy puisque l’homme est le mieux teperé, de tous les animaux, ne doit-il pas conseruer ce beau temperament par choses semblables, comme sont les
viades exquises, & delicieuses. Ainsi le sang thre-
sor de la vie en est plus beau, & plus subtil les esprits plus clairs & luisans, & tous les sens plus
guais, & vigoureux. C’est ainsi que norriture pas-

ſe nature. Et bien plus, les delices ſeruët d'vn ſingulier remede contre l'ambition & le chagrin.

Tu voulois dire bon Homere,
Qu'on doit faire tres-bonne chere,
Tandis que l'aage & la ſaiſon
Et la peu maiſtreſſe raiſon,
Permettent à noſtre ieuneſſe,
Les libertez de la lieſſe.

Lucullus ſur ſes vieux iours, ſe met à l'abry des
vents en ce port de ſalut, quittant aux ambitieux
le maniment des affaires d'Eſtat. Pendant il ſ'eſ-
gayoit en ſes beaux parterres, ſe promenoit en
ſes ſuperbes galeries, & changeoit de demeure,
ſelon les ſaiſons de l'annee, côme font les gruës.
En fin dreſſoit tous les iours feſtins nouueaux &
de haut appareil. Druſus fils de l'Empereur Ty-
bere, paſſoit les nuicts en feſtins & le iour à baſtir ; de peur dict Tacite, qu'eſtant ſeul & ſeque-
ſtré des plaiſirs , il ne deuint triſte & chagrin.
Pout le iourd'huy ceux qui manient les grandes
affaires, apres auoir ſupporté les importunitez
& ruſes des pourſuiuans , en forçant leur naturel & contenance , ont recours pour ſe deſen-
nuyer aux delices. Les hommes de bonne compagnie, qui ſçauent dire le mot , accourent de
tous coſtez au ſon des plats . Friand cuiſinier,
delicieux paſtiſſier, potager Italien, rotiſſeur pi-
card ; quelque griuelee boüillie à la Sarmiaque
Venitienne. Et le pot de vin qui ſ'en va ſur le
marché. Creſtes & genitoires de poulets, ſau-
ciſſe de Boulongne, iambon dé Maience. La langue & les œufs de Pan. Le Pan roſty à la ſaulce
Eſpagnole Garrouchaon. Cela eſt commun pour

le iourd’huy. Ce n’eſt pas comme du temps d’A-
lexandre le Grand, que l’on n’oſoit pas toucher
à ces oiſeaux. A Rome l’Orateur Hortenſe pour
auoir faict ſeruir à ſa table d’vn Pan, fuſt blaſmé
des gens de bien, & reprins des Cenſeurs. Toutesfois il en fuſt eſtimé dauantage par les delicieux. Les ſaulces de ius de ceriſes de laurier. Et
pour les plus delicats, la gelee, le conſommé, le
preſſis, le blanc manger, le reſtaurant, la paſte
reale, Les confitures, les gelees de fruicts, les eſ-
corces confites, la mermelade, le pignolat, l’ó-
rengeat, le giroflat, Madrian. Et ſur tout à l’entree de table, pour deſſeicher les humiditez ſu-
perfluës, les pignolats en tablette & en roche,
les macarós, les maſſe-pains. Vn peu d’anis doux,
ſur la fin auec du fenouïl de Floréce. Mais pour
les bons compagnons changement de mets :
choux cabus farcis, choux vers au fromage gras,
choux de Milan, creſſon, aſperges nouuelles,
cardes, artichaux, & ſur la fin gaſteaux fueille-
tez, tartres, popelins, eſchaudez à l’hippocras,
brides à veaux, gobets, cachemuſeaux, les merueilles les creſpes. Pour les vns & pour les autres, bons vins delicieux de Beaulne, d’Orleans,
de Tournon, de Graue en Bourdelois, de Rys en
Bourbonnois, d’Ay, de Banteperdrix, Beaucai-
re, d’Arbois, le muſcat, l’hippocras, la maluoiſie.

> *Ores que ie ſuis diſpos,*
> *Ie veux boire ſans repos,*
> *Il me plaiſt de voir ma peine,*
> *Au fond de ceſte taſſe pleine.*
> *Et d’eſtrangler auec le vin,*
> *Mon ſoucy qui n’a point de fin.*

I'entens qu'auec ces auant-coureurs, ces cheuaux legers, ces enfans perdus, le gros de l'armee
marche. Le gibier rosty auec les oliues salonnoi-
ses colymbades, perdrix, cailles, gelinotes, orto-
lans, francolins, faisans, tourterelles, becquefis,
pluuier, vaneau, gruë, ostarde, ramier, bizet, cro-
zet, cocu, loriot, griue, merle, estourneau, alöuet-
te, passereaux, pinsons, martinets. Le tout rangé
d'vn bel ordre, mesure & proportion : car il faut
faire vne despence qui paroisse, comme fit iadis
Petronius duquel parle Tacite, maistre des cere-
monies en matiere de festins, docteur regent en
delices, & intédant des superbes & magnifiques
appareils de Neron. Le iour il prenoit son repos,
& passoit la nuict en plaisirs & recreations : en
quoy il acquit grande reputation enuers tous les
delicieux. Ceux qui ont l'estomach bon, & qui
ne sont point phlegmatiques, entremeslerót les
oyseaux de riuieres, canars, sarcelles, plongeons,
becasses, virecoqs, herons, aigrettes, cicoignes,
cormorás, oyes sauuages, cignes, falourdes, rales,
poules d'eaue, butors, renfort de venaison, cerf,
biche, ságlier, cheureu, dain, bufle, lapin, leureau.
Et s'il est besoin de combattre la friandise, & les
delices par mer & par terre. Nature ne nous má-
que point : la sole, le turbot, le saulmon, la plie, le
rouget, la viue, le carrelet, l'estourgeó, la pucelle,
le maquereau, le hará frais. Le marsoin, la balaine
le porc de mer, l'adorade, l'ados, la seche, la poul-
pe, le calemart, mulets, surmulets, esperlans, an-
chois, sardines, perche de mer, lamproye de mer,
lubin, huistres en escailles, canchres, cabres,
squilles, ciuades, langoustes, tortües de mer.

Ceux qui craignét la maree, bons brochets, truit-
tes, carpes ſaulmonees, queuë de bieure, la grã-
de brame, l'ombre, le ſaulmon, le lauaret, le
carpion, la vandaiſe, le celerin, la lote, l'aloſe,
la lamproye, la dormile la loche, le milcanton,
les tortües, les eſcreuiſſes, les grenouïlles, les
eſcargots, truſles, champignons, melons, pou-
pons, pommes, poires, prunes, ceriſes, mar-
rons, figues, pommes de pin, neſles, ſorbes,
meures, peſches, abricots, iuiubes, coings, noi-
ſettes, auellanes, oranges, citrons, grenades,
dactes, piſtaches, pignons, pignolas, fraiſes, fram-
boiſes, carobes, capres, oliues. En fin par forme
de graces, les delicieux chantent,

> *Vit ioyeuſement la iournee,*
> *Et l'heure en laquelle ſeras.*
> *Et que ſçais-tu ſi tu verras*
> *L'autre lumiere retournee.*

Mais ces grandes delices demandent vn iugement bien raſſis, qui ne ſe laiſſe pas emporter legerement par les amorces & allechemens des
plaiſirs. Par ce que le plaiſir qui paſſe tant ſoit
peu les limites de raiſon, nous plonge au plus
profond des vices. Mon deſſein n'eſt pas de mo-
raliſer trop ſeuerement, pour dire que le plaiſir
dereglé esblouïſt les yeux de l'entendement, renuerſe les bons conſeils, eſt ennemy de la raiſon,
faict guerre à la vertu; vraye peſte de l'honneur.
Ie veux ſeulement dire vn petit mot aux parado-
xiſtes, qui tiennent auec Cardon que les carna-
naciers & delicieux, ont les conceptions de l'eſprit plus belles & plus nettes. comme nourris
de viandes mieux temperees & plus exquiſes. Et

l'hiſtorien Platine iuge, qu'vn homme eſtoit aſſez groſſier, par ce qu'il eſtoit friand de merlu-
che. Ne leur deſplaiſe à tous, car les beſtes car-
nacieres, horſmis le vautour, n'ont pas ny le néz,
ny le ſentiment meilleur que les autres. Le ſinge
& l'Elephant, ſemblent entre toutes les beſtes
auoir plus de raiſon & d'eſprit, s'il faut dire ainſi. Leur naturel neantmoins n'eſt pas carnacier.
La pluſpart des peuples Septentrionnaux, Bre-
tons, Anglois, Poulonnois, ſont grands Chalo-
piers. Et toutesfois ne ſont pas plus ſubtils ou
ſublins pour cela. Et la pluſpart des ſages ont
rarement gouſté la chair. On dict que le ſang en
eſt plus ſubtil. Ie m'esbahis doncques que le Ca-
meleon qui ſe nourrit de l'air, la Cigale de la roſee, & la puce du plus beau ſang des damoiſel-
les, n'ont le ſang bien ſubtil. Les anciens Philoſophes ſe mocquent de certains delicieux, me-
neurs de bonne vie, & courte, qui iamais ne vi-
rent ny leuer, ny coucher le Soleil, tant ils crai-
gnoient le ſerain & la roſee : & appelloient telles gens aſſotez. Et Galien traite rudement les
luicteurs ou athletes de ſon temps, dont la vie
eſtoit, boire, manger & dormir, & ſur le haut
du iour faire quelque violét exercice pour auoir
meilleur appetit, & les nomme maſles de chair
inutiles. Platon les banniſt tout à faict de ſa Republique, comme vrais reiſtres, de grande deſ-
pence, de peu de ſeruice, & fort maladifs. A telles gens ie ſeruiray de Mercure, pour leur dire
ce qu'il diſt à Vlyſſe. Prenez bien garde que les
feſtins de la delicieuſe Circé, ne vous transfor-
ment en pourceaux. Et diray bien plus, que ces

delices exceſſiues, à gens qui n'ont pas les moyés d'auoir des viuandiers ou pouruoyeurs, autres que les roſtiſſeurs, paſtiſſiers & cabaretiers, conduiſent en fin les Poëtes delicieux au mont Alexandrin, pour compoſer des vers non meſurez, ny bien rhytmez : & au partir de là deuiennent geometriens pour confiner & arpenter. Leur vaiſſelle d'argent ne peut ſuffire pour faire tant de ſeruices. Ie leur monſtre gratuitement le remede, ils en peuuent vſer ſi bon leur ſemble.

SIXIESME SYROP POVR LES NAY-COIFFEZ.

Chap. VI.

PRENEZ ceterach germandree de chaſcun deux pleines mains, polypode deux onces, paſſules vne once, fleurs de bugloſſes, de bourrache, de fumeterre, de paſſevelours de chaſcun deux poignees : ſenné de Leuant deux onces, epithyme vne once : ains vne once & demie, elleboré blanc demie once, iour odorant deux drames : ſafran vne drame.

Faut faire bouïllir le tout enſemble fors l'epithyme, en trois liures d'eau, qui ſeront reduictes en vne puis apres l'auoir conté, on adiouſtera des ſucs d'agrimoine & de fumeterre, de chaſcun trois onces, ſuc de pommes douces vne liure. En fin on mettra l'epithyme. Ainſi auec ſu-

fiſante quantité de ſuccre : le tout ſera cuict à la
perfection de ſyrop.

Ce n'eſt pas de merueilles , ſi ceſte compoſition eſt ſinguliere contre la paſſion melancholique, puis qu'elle reçoit tant de ſimples propres
à ceſt effect, comme l'ellébore, le ſenné, la fumeterre, l'epithyme, la bugloſſe. Et de plus le
ceterach , duquel il nous reſte à parler maintenant. C'eſt doncques l'herbe nommee de Dioſcoride aſplenon , differente de la ſcolopendre,
ou langue de cerf, car ce ſont diuerſes plantes.
Or le ceterach ou aſplenon qui eſt aſſez cogneu
de nos Arboriſtes, ne retient en ſoy aucune chaleur manifeſte , qui puiſſe réchanter l'humeur
aduſte des melancholiques. Et ſi eſt d'vne matiere ſubtile , propre à penetrer les matieres groſſieres. De plus par vne proprieté ſinguliere il
diminuë merueilleuſement la ratte , le maga-
ſin , comme pluſieurs penſent de l'humeur melancholique.

Les paſſules en general, ſe prennent pour toute ſorte de raiſins ſechez au ſoleil, & particulierement pour les raiſins de damas. Vray eſt que
tous n'ont pas meſmes facultez. Car les raiſins
ſecs que l'on máge auec leurs pepins, ſont aſtrin-
gens : c'eſt pourquoy Dioſcoride les ordonne à
la diſſenterie. Au contraire, ceux qui ſont doux,
& qui n'ont point de pepins , ſont lenitifs laxa-
tifs, propres à la toux, & pour adoucir l'aſpreté
de la canne. Sçauoir doncques leſquels nous
choiſirons de ces deux , pour mettre en noſtre compoſition. Ce ne ſera pas les ſecs,

qui sont terrestres & styptiques: mais pluftost de
ces doux, qui deftrempent l'amertume de l'humeur melancholique, qui sont familiers & propres au foye, comme dict Galien, & si laschent
le ventre.

Le passe-velours est ce que les Latins appellent amaranthus purpureus, qui a vne fleur fort
rouge, faicte en mode d'espy, qui maintient tou-
jours sa vigueur & naïfue couleur. Et plus il est
tondu, plus il deuient beau. Estant sec il reuer-
dit quand on le met tremper en eauë, & iamais
ne fleftrift. Est-il vray ce que dict Pline, que celuy qui porte des chappeaux de passe-velours se
rend plus gay, plus gracieux, & plus recommandable à tous? Si tant est, il seroit bien propre
contre le chagrin & la tristesse des melancholiques.

L'anis estant chaut & sec iusques au troisiesme degré, & vn peu amer, est icy mis pour corriger le senné, & pour resoudre les véts. La bonne odeur sert aussi à resiouir les sens.

Aucuns au lieu de l'anis, mettent du souchet
des Indes, qui est le cyperus des Latins, & cype-
ris: sçauoir la racine ronde & odorante du souchet, est le cucurma des Apothicaires. Ceste racine eschauffe & desseiche sans acuité, subtilie
les humeurs, & desopile les roignons & la rate.
Et si l'odeur est bonne à resiouïr les sens. Qui me
faict croire qu'elle peut faciliter l'operation de
nostre composition: de mesme que la fumeterre,
l'agrimoine & le iour odorant. De plus, seruira
pour corriger le senné.

Les

Aux Nay-coiffés.

LE Ciel-à la verité depart ſes preſens aux choſes d'icy bas en diuerſes façons. Il conſerue
la vie par ſon mouuement, & donne vigueur par
ſa lumiere. Il contient en ſoy toutes les vertus,
& perfections de ce bas monde : mais ſingulie-
rement il fauoriſe les naycoiffés.

> *En eux le Ciel non chiche,*
> *Produiſant le bon heur,*
> *A de la corne riche,*
> *Renuerſé tout l'honneur.*

Leur Horoſcope eſt dreſſé droict ſous Hylerh,
qui eſt le donneur de bonne fortune. En ceſte
naiſſance, Iupiter pere de l'eſtre & de la vie, les
regarde d'vn ſi bon œil, que ſon frere Neptune
en les berçant, & reberçant dedans le flux & reflux de ce monde, ne les peut esbraſler auant leur
arriuee au dernier but, Mercure les rend gais, &
releués, la belle Venus leur inſpire la bonne grace. En ſomme le ſoleil faict reluyre toutes leurs
actions. Ainſi

> *Le Ciel nous faict le ſort blanc & le brun,*
> *Comme il luy plaiſt, & la nature habile,*
> *Faict l'vn puiſſant, & l'autre debile*
> *Et meſmes biens ne depart à chaſcun.*

Mais on demande, d'ou viennent ces graces ſingulieres, puis que les influences du Ciel, ſont ega-
lement communes à tous. Eſt-ce que les cauſes
vniuerſelles ſont determinees, comme l'on parle,
par les ſecondes? De ſorte que les vertus ſingulieres ſont donnees en particulier, à ceux qui ſont
dignes de receuoir les preſens du Ciel. Auſſi voyons nous que tous les metaux ne peuuent atteindre à la ſplendeur de l'or. Et le diament brille ſin-

G

gulierement entre les pierres precieuſes, comme
celuy qui eſt mieux digeré par ceſte rayonnante
chaleur du ſoleil, par ceſte puiſſante lumiere qui
perſe à trauers la t erre. Nous diſons biē plus, que
noſtre chaleur eſtant claire, & agile ſe reuniſt beaucoup mieux, auec ceſte ſalutaire lumiere du ſoleil, & des aſtres, cóme luy eſtant plus familiere:
mais auec ces humeurs groſſiers, elle perd ſa
ſplendeur, par le defaut du ſubieƈt, & deuient entierement elementaire. Ne voIons nous pas, qu'-
entre les aiglós, qui sót d'vn meſme aire, l'vn ſille
les yeux contre les rayons du ſoleil, & l'autre s'en
approche ſans branler les paupieres. Ainſi les naturels releués ſont plus propres à receuoir les
dons du Ciel, & s'eſleuent plus haut, que le commun. En quoy le Ciel & la nature ſe preſtent la
main, pour combler de bon- heur les nay- coiffés.
La nature diſ-je qui a fait l'hóme ſon chef- d'œuure, ſes delices, la merueille des merueilles, le modelle de l'vniuers, le petit monde, la grandeur de
la terre, l'image de Dieu, la medaille de toutes per-
feƈtions, l'abregé des trois módes, ou la teſte ſiege de l'entendement, threſor de la ſageſſe, & ma-
gaſin de la memoire tient lieu de monde intelle-
ƈtuel, & angelique. Le cœur eſt le ſoleil de noſtre
vie, qui depart ſes rayons à toutes les parties,
& le bas ventre ſerf de monde elementaire, qui
faiƈt naiſtre & croiſtre toutes choſes. Bref ce
n'eſt rien que merueilles en l'homme, tout va de
meſure & cópas, auec vne ſinguliere harmonie.
Voyés le criſtal des yeux tourné vers ce grád miroir, le labirinthe des aureilles, le cloiſtre des dés,
tant de colomnes, tant de lambris, tant de miroirs
ardens, ce beau cordon argenté qui paſſe par l'eſ-
pine du dos. Mais les nay-coiffés ont bien le vol
du chapon, ce ſont les aiſnés de la maiſon. Et ſem

ble que nature par vn soin particulier, leur dónne
ceste coiffe sur le visage, pour les conseruer plus
cherement, & precieusement, dedans ce beau tissu blác, & delicat, tellemét qu'ils naissent en riant
cóme Zoroastre. Soudain qu'ils entrent au móde,
la nature leur fournist vn air subtil, vn pais plantureux, vne maison illustre, en somme les comble
de bó-heur, & de felicité. Il est vray que ces sour-
cilleux Philosophes, qui font semblant de dedaigner ce qu'ils ne peuuent atteindre, dient que la
souueraine felicité de l'hóme, cest d'estre sage, &
que pour paruenir à la sagesse, ce beau tissu posé
deuát le visaige, ne sert de rien, ains faut auoir vn
bel esprit, vif, & prómpt, pour inuenter les moyens
de bien viure, le parler clair & net, pour commu-
niquer auec les hommes, & la main à dextre, pour
effctuer les cómandemens de la raison. Tellemét
que les bons esprits ont les moyens d'arriuer à la
sagesse, & de se rendre bien heureux. Ces songe
creux ne font estat que par raison des constella-
tions, disans auec les Astrologues Persans, Ægy p-
tiens, que les planettes gouuernent nostre vie, vn
temps limité, qu'il nóment le fridaire, ou le cro-
nocrator, cóme qui diroit la domination du téps
determiné, cest seruir à tour de rolle, & par quar-
tier. Ce temps limité du gouuernement, dure dix
ans, & 9. mois, par ainsi ceux qui auront les belles
influences a leur naissance, verront de temps, en
téps vn nouueau changemét de gouuerneur. Soit
ainsi, ou bié cóme veut Ptolomee, sçauoir est que
la Lune preside les 4. premieres annees. Mercure
les dix d'apres. Venus depuis 14. ans iusques à 22.
Le soleil de suitte durát 9. ans. Mars l'espace de 15.
Et le resueur Saturne iusques à soixante & quinze
ans. Puis on faict partie nouuelle. Quoy que
s'en soit, il ne se trouue rien de si ferme &

asseuré, qui ne se puisse esbranler par les diuerses rencontres, & accidens qui suruiennent iournellement, c'est vn vray ieu de fortune, ou le hazard du dez ne rencontre pas tousiours. Sçauez vous les belles qualitez, que ces Philosophes attribuët à la fortune, c'est vne irresolue, qui n'a point de dessein en ses actions, incertaine, sans raison ny iugement, tousiours en doubte. Ainsi le bonheur de ce monde, n'estant ferme, ny perpetuel, pour s'appuyer dessus entierement, sans se seruir du support de sagesse.

Car le sage qui ne se fie,
Qu'en la plus seure verité,
sçait que l'espoir de nostre vie,
N'est rien que pure vanité.

Et ceux qui se fondent par trop en ceste fœlicité passagere, semblët s'escarter du grand chemin de la raison, mais si quelcun demandoit, d'où viët ce flux, & reflux, d'où vient ceste inconstance de fortune. S'il se trouue quelque fortune, dist ce grand Physicien, l'entendemët humain ne la peut comprendre, estant par dessus le soucy de l'homme. Il est tout clair, dict-il, que la diuinité faict mouuoir toutes choses, mais de sçauoir commét, nostre foible esprit ne le peut comprendre. Que sert doncques de nous tant resiouir, sur ceste coeffe, signal de bonne fortune, puis que ce n'est qu'vne opinion populaire, qui rëplist la ceruelle de vaine esperance, comme si cela de soy, nous pouuoit combler de bon-heur, en demeurant les bras croisez, c'est vn bon-heur au contraire, de ne s'esbranler par les diuers accidës de fortune, mespriser la faueur du peuple, & ne craindre l'espee toute nue. L'hôme pauure, miserable, & tout nud,

vn oyſeau ſans plume, banny preſque en tout
temps de ſon nid, expoſé continuellement aux
vens & tourbillons, peut-il eſtre heureux?

Semblable aux fueilles du printemps,
Qui vertes dedans l'arbre croiſſent,
Puis deſſous l'Automne ſuiuant,
Seches ſous l'arbre n'aparoiſſent,
Qu'vn iouet remoqué du vent.

Qu'elle coeffe le peut couurir de tous ces in-
conueniés? Il faudroit donques auoir ceſte pierre
de Pline nommee l'auſebaſte, qui maintient la
fœlicité de ceſte vie perpetuellement.

Aux Bien-nés.

LEs Bien-nés ont ceſte heureuſe rencontre, de
voir à leur naiſſance, la face riante du Ciel, &
de iouir d'vn contentemét entier. Le Ciel ſi nous
croions aux Pythagoriens, leur donne vn bon genie, qui leur ſert de guide & gardien. Il les aſſiſte
d'vn heureux deſtin, & les embellit d'vn beau
nom. Le ſort par vne ſinguliere prerogatiue, les
faiċt naiſtre en bon pays, en de belles & grandes
cités, nobles parens, ſans aucun defaut ou imper-
fection de nature. Et certes ce n'eſt pas peu, d'a-
uoir vn beau nom coreſpondant au iour de la natiuité, & à la façon du Ciel. Ie m'en rapporte à ces
anciés Hebrieux, Grecs, & Romains, leſquels im-
poſoiēt les noms à leurs enfans, auec tant de my-
ſteres & ceremoniés, iugeans que le beau nom
eſtoit partie du bon-heur des hommes. Qui plus
eſt ſeló la doċtrine de Pythagore, le nom dont les
ſyllabes ſont en nóbre impair, eſt le plus heureux,
& celuy qui a plus de lettres nómees numerales.
Mais quelle fœlicité ſe peut parangonner au lieu
de la naiſſance, puiſque les mœurs des hommes ſe

rangent selon les diuers aspects du Ciel, & selon
les diuers climats. Aux pays, ou le froid domine
par trop, les hômes à leur regard, & maintiẽ sont
farouches, au reste vaillás, & courageux. Aux re-
gions chaudes les hômes sont plus auisés, & plus
retenus en leurs actiós. Ainsi nostre Hippocrate
escript que ceux d'Asie, qui viuent en vn air fort
temperé, sont de riche taille, doux & gracieux, &
ceux qui viuent en l'Europe beaucoup moindres,
mais plus courageux, & moins effeminés. Et entre
ceux de l'Europe, les Allemás sont les plus grãds,
au reste francs & ouuers. Les Italiens sont plus
couuers, & retenus en leurs actiós, les Espagnols
dit Tite Liue, sont altiers, & grãds remueurs. Les
Suisses ont la fidelité en singuliere recommandation. Les Lásquenets ne sont pas des plus fins. Les
Sauoyards sont inconstans & de peu de foy. Les
Anglois sont vaillans mais cruels. Les François
sót fort soudains en leurs mouuemés & actiós. Le
mesme Hippocrate dit bien plus, que les mœurs
des hommes suiuẽt le naturel du pays. Et Cardan
dit qu'en chasque region on voit naistre des animaux conformes au meurs des habitans. Vray est
qu'en Italie on voit peu de renãrds, & en Angle-
terre ne se voit aucun loup. Si est-ce que les Ita-
liés sont assez fins, & les Anglois grãds mangeurs
& carnassiers, & si le beau non, & le bon pays ren-
contrét encores par sort, des parés de noble race,
& excellés en vertu, le bon-heur des bien-nés est
plus accomply, car les enfans suiuent volontiers
les traces de leurs parens, & embrassent leur vertu de grande affection. Ce vieil Fabie sentoit ie ne
sçay qu'elle ardeur de gloire, en voyãt les statuts
de ces ancestres. Et le grand Africain haranguant
ses soldats en Espagne, ie feray dit-il en bref que
vous recognoistrés en moy, le modelle des vertus

de mon pere & de mō oncle , de mesme que vous
voyés les lineamés,& la semblance de leur visage,
tellement que vous pourrés dire,que vostre Capitaine Scipion est resuscité.En fin lecōpliment des
bien-nés,se remarque aux perfectiós corporelles,
ou rien ne manque,ny en la complexion bien temperee,ny en la belle proportion des membres.

Toute vertu diuine,acquise & naturelle,
Se loge en leurs esprits la nature, & les Cieux
Ont versé sur iceux , leurs dons precieux.
Puis pour n'en faire plus,ont rompu le modelle.

Cest bien folie de croire , que nature aye mis des
marques signalees,pour recognoistre la bōté,&va
leur des metaux, des pierres precieuses & des animaux,& qu'elle n'aye laissé aucū indice en l'hóme,
pour iuger de son bon,ou mauuais naturel. Et qui
doubte que nos mœurs,&façós de viure,ne se con-
formēt aucunemēt aux premiers principes de nostre estre,desquels depend la cōplexion. Ceux qui
sont de temperamēt chault &sec,sont soudains en
leurs actions,les froids& les humides sont plus retenus,les sanguins sont tousiours guais,& ioyeux,
& leur semble que tout est en fleur & verdeur.Les
melancholiques se rongēt le cœur,& le corps sans
cesse &sans occasion.En somme les bien-nés sont,
& en leurs cōplexions,&en leurs meurs,tēperés à
la balance de iustice,le visage de l'homme aussi, est
vn pourtraict de l'ame qui parle de soy-mesme, &
découure les affectiós interieures,tāt voilées, puis-
sent elles estre. Cest vn miroir,ou l'ō voit à trauers
reluire, & la sagesse,& la folie.Et non seulemēt à la
couleur,figure, &lineamés du visage, on reconoist
l'interieur de l'ame,mais encores à la proportiō,&
cōformatiō desmémbres. La teste pointuest vnindi-
ce de folie, tesmoin celle de thersites en Homere.
Vn grand front en Aristote, est indice de lascheté,

le petit d'vn esprit remuát, & le rend móstre vne
ame colere. Le sourcil en droicte ligne, represéte
vn naturel doux & benin, & celuy qui est courbé
en arcade, est signe d'vne nature aspre & reuesche
les yeux brillans monstrent vn esprit inconstant.
Ceux qui sont tachetés sont indice d'vn naturel
malin. Catilina dit Saluste, auoit vn visage fort
pasle, les yeux tachés, & fort difformes, & la demarche côtrefaicte. Les lógues aureilles sót propres aux asnes, & les petites aux passefins, & ru-
sés. Le nés aquilin, est entieremét noble & magnifique. Les espaules larges vn indice de force, & de
courage. On dist bien aussi, que les gauchers ont
l'ame de trauers, & les signalés ou mutilés dist
Cardan, sont tous meschans. Les borgnes ont la
ceruelle mal faicte, & les sourds aussi. Les boiteux
sont dangereux. Et les bossus portét sur le tabernacle de leurs espaules, vn tabernacle de malice.
Est ce point que les conceptions de l'ame, suiuét
les dispositiós du corps, cóme de mesme le corps
compatist aux passions de l'ame ? Ie croy certes,
que toutes ces perfections naturelles, seruent de
beaucoup à rendre l'homme heureux. Quoy que
l'on puisse dire au contraire. Il est bien vray, que
les nons que l'on donne aux enfans, dependent
plustost d'vne pure, & libre volonté des peres &
des parrains, & du iour dedié a quelque S. que non
pas d'vne necessité, ou inclination du Ciel, puis
les Philosophes dient, que le nom est vn accidét
qui de soy n'a ny force ny vertu. On pourroit dire le mesme du lieu de la naissance, lequel reçoit
du Ciel des proprietés particulieres, lesquelles se
communiquét par apres aux choses qui naissent
en ces lieux là. Ie confesse bien que la puissance du Ciel, donne des inclinations particulie-

tes, dont l’homme ne peut rendre raiſon.
mais ce n’eſt pas pour forcer nos volontez. Et
quoy, le bon laboureur, ne peut-il pas par ſoin &
diligence abonner vne terre maigre & peu fertile? De meſme les bons eſprits ſuppleent ayſe-
ment au defaut de leurs pays. Celuy qui naiſt en
en vn air libre & ſubtil, a certes plus de vigueur,
& de viuacité & de vertu.

La bonté, la vertu, la iuſtice & les loix,
Ayment mieux habiter les antres & les bois,
Que l’orgueil des Palais, qui n’ont rien que la pompe.

Peut eſtre, qu’il aduient en beaucoup de lieux ce
que l’on dit de Lombardie, que le ciel oſte toute la bonté des hommes, pour la donner aux
plantes. Puis le nom & le pays, ſe peuuent ayſément changer, s’ils ne ſont conformes & cor-
reſpondans à noſtre inclination. Mais non pas
les parens, deſquels nous receuons l’eſtre & la
ſemblance corporelle, & bien ſouuent les maladies & imperfections. Quand à ce qui eſt de
l’entendement, nous le deuons à Dieu ſeul, lequel veut de puiſſance abſoluë, que nous rele-
uions de la ſouueraineté pour ceſt article. C’eſt
pourquoy les fils heritent peu ſouuent des vertus & de la ſageſſe de leurs peres. De meſme ne
faut croire que les baſtards retiennent touſiours
les vices & imperfections de leurs parens.

Les lys naiſſent d’herbes puantes,
Les roſes d’eſpineuſes plantes.

C’eſt le peu de ſoin que l’on a ordinairement de
les inſtruire, qui les rend quelquefois meſchans.
Tous ces grands heros, ces demy-dieux ne co-
gnoiſſoient point leurs peres Et ſemble que leur
origine ſoit comme ſurnaturelle. Et ceux qui

ſont difformes en leurs membres, ne le ſont pas
touſiours en leurs mœurs : par ce que le corps
ſert à l'ame, & non pas l'ame au corps. Elle reçoit bien l'impreſſion des membres difformes,
qu'elle corrige par apres. Ne voyons nous pas
bien ſouuent, que la pluſpart ſouz vn viſage fe-
minin & gracieux, couuent vne cruauté de ty-
gre:& ſouz vn front refrongné ſe cache ſouuent
vne douce nature. Les vns à les voir & à leur
contenance, ont vne mine riante, & neanmoins
au dedãs ce n'eſt que chagrin & deſplaiſir. D'autres que l'on iuge pour vrays Saturniens, ſont les
plus recreatifs du monde : & touſiours chantent
touſiours rient. L'ame d'vn boſſu n'eſt pas pourtant boſſue, & s'il ſe trouue des boſſus malings,
ſi fait-il bien de ceux qui ne le ſont pas. Il eſt
vray qu'il ſont mieux remarquez que les autres,
à cauſe de leur imperfectiõ. Et ne faut dire qu'ils
ſoyent imparfaicts en nature, car s'il eſtoit ainſi, ils ne pourroient engendrer des enfans bien
formez. C'eſt en l'ame où ſe forme la malice, &
non pas aux os. Le Philoſophe Epictete eſtoit
eſtropié, & neantmoins chery des dieux, comme il ſe vantoit. Ie dis doncques que ces beaux
preſens du ciel & de la nature, doiuent eſtre guidez par la ſageſſe. Autrement ce n'eſt que pure
vanité.

Aux beaux Fils.

C'Eſt bien la verité, que pour rendre l'homme
heureux, content & recommandable en belles parties & qualitez, faut qu'il aye en ſoy &
hors de ſoy toute ſorte de bien. Ie dis non ſeulement ceux que l'on attribuë à la bonne fortune

côme la nobleſſe, la richeſſe, les amys, les moyés,
quantité d'enfans bien néz & vn bel aage. Et ceux
qui ſont nommez les biens de l'ame: côme la vertu & les parties d'icelle : ſçauoir prudence, iuſtice, & temperance. Ains pour rendre le bon-heur
ac comply, faut qu'il ſoit enrichy de perfections
corporelles, telles que la ſanté, la beauté, la force
la riche-taille, la façon belle & pleine de maieſté.
En quoy ie peux dire auec verité , que la beauté
eſt le ſeul parangon de toutes les perfections du
corps, & ſi ie n'en veux excepter la ſâté, que pluſieurs eſtiment le treſor de la vie: car la beauté eſt
le compliment de ſanté. Ainſi perſonne ne peut
eſtre parfaictement beau s'il n'eſt bien ſain. Si tât
eſt que la beauté, ſelon les ſages, ſont vne iuſte
proportion & ſymmetrie des parties , auec leur
tout, en laquelle ſe voit vn beau compartiment ,
& vne meſuré reglee, qui reſiouïſt non ſeulemér
l'œil, ains encores l'entendement, pour le ſeruice
duquel l'œil à eſté faict ; par ce que l'œil aſpire à
la beauté pour contenter l'eſprit, lequel deſire la
iouïſſance de ce beau, côme d'vn ſouuerain bien,
ieété ſur le moule de ceſte parfaicte beauté, qui
peut de ſoy meſme à iamais contenter nos deſirs.
Vray eſt que pour rendre la beauté complette, il
faut que ceſte belle proportion des membres, ceſte agreable & naifue couleur des parties, ceſte
gentilleſſe & bonne grace en toutes actions, ce
beau port & maintien honorable, ſoit accompagné d'vne ſéblable ſymmetrie & meſure en toutes nos penſees & iugemens , auec vne fermeté,
qui ne baláce iamais, ains qui tienne touſiours le
party de la vertu ſás s'esbráler. Ainſi ceſte ſouue-

raine perfection ne ſe peut maintenir ſans vn extreme ſoin, C'eſt vn fruict exquis , mais paſſager
& de peu de duree.   C'eſt vn œillet giroflé, en-
touré de fueilles naifuement vermeilles , ren-
fermé de ſurgeons verdoyans, enrichy de beaux
fueillages , mais qui ſe peut fleſtrir par l'ardeur
du Soleil, qui ſe deſchire & creue fort ayſémét.
C'eſt vn beau lys plus blanc que neige , qui reſ-
ioüiſt les ſens par vne ſoëfue odeur qui contente
l'eſprit à merueilles .   Mais ſoudain que ce lys
eſt manié, preſſé ou foulé, ſa bonne odeur ſe pert
& nous vient à contre-cœur. C'eſt vne belle fleur
qui eſt en ſa vigueur & perfection , emaillee de
diuerſes couleurs, douee de pluſieurs facultez &
vertus. Mais qui ne ſupportera iamais l'ardeur
de l'Eſté , ny la rigueur de l'Hyuer.   C'eſt vn
bouton de roſe à demy ouuert, dont la couleur
repreſente l'eſtoile du iour , & ſa bonne odeur
emporte le prix ſur toutes les fleurs. Mais ce gé-
til bouton en vn moment, vient à ſe fleſtrir &
briſer en pieces.

> *Et qu'eſt ce que des mortels,*
> *Si au matin ils fleuriſſent,*
> *Le ſoir ils ne ſont plus tels,*
> *Pareils aux champs qui fleuriſſent.*

Bon Dieu celuy qui veut s'appuyer ſur ce foible
roſeau , comme ſur quelque pilier de marbre,
merite bien d'eſtre próptement ſecouru par l'aide de mon ſyrop , à fin que le bon ſens luy reuienne,

SEPTIESME SYROP POVR LES
APPELLANS.

CHAP. VII.

PRENEZ ſuc de bugloſſe, & de bourrache, de chaſcun demy liure, ſuc de pommes douces vne liure, ſuc de meliſſe demy once, chermes trois dragmes, ſaffran demy dragme, ſuccre fin deux liures. Faut infuſer les grains de chermes dedans les ſucs, & apres les exprimer. Enfin les cuire à la perfection de ſyrop, & les aromatiſer auec les poudres de diambra & de diamargarit froid, de chaſcun deux ſcrupules. La doſe eſt de deux cuillerees, & en faut prendre deux fois le iour.

Ce ſyrop eſt ſingulier contre les paſſions melancholiques, qui viennent de la complexion trop ſeiche du cerueau. Pour ceſte raiſon ie l'ay particulierement dedié aux plaideurs, qui ont d'ordinaire la teſte ſeiche: & petite tellemēt que les eſpaces & cabinets, où ſe formēt les imaginatiõs & les idees des procez, ſont bien eſtoffees, lābriſſees & liſſees par le dehors, mais vn peu trop reſerrees: de ſorte que les eſprits renfermez au dedans, ne peuuent prendre air librement, & s'eſchauffent fort ayſément, & ſi l'ardeur ne s'eteinct pas ſi toſt à cauſe de la ferme ſiccité, qui la retient. Ainſi ce n'eſt pas de merueille ſi les ap

pellans ſont entiers en leurs opinions, ſans vouloir iamais acquieſcer iuſques à l'extremité. De
plus ſont fort propres à ſolliciter, eſtans próps
en leurs actions, vigilans ſubtils, diligens, in-
uentifs, pleins d'artifice. Qui ſont les qualitez
requiſes à ceux qui ſe veulent embarquer en la
mer des procéz. Pour moy ie les veux aduertir
de bien equiper leur vaiſſeau, & de faire prouiſion de bonne heure, d'vne pipe de ce ſalutaire
ſyrop, pour temperer l'ardeur & ſubtilité de ceſt
humeur fretillant; à quoy ſert merueilleuſement
les ſucs de bugloſſe, de bourraches & de pommes douces. La meliſſe ſert particulierement
contre les battemens & palpitations de cœur:
combat la melancholie, & recree le cerueau par
ſa bonne odeur. Or les facultez & vertus de tous
ces ſucs, ſont portees au cerueau par le moyen
des aromatiques, qui entrent au diambra, &
diamargarit froid: leſquelles compoſitions ont
ceſte proprieté de conforter les parties nobles,
aider la digeſtion & recreer les eſprits. Meſme
l'ambre gris de ſoy, ſelon Auerrhois, conforte
le cerueau & le cœur. Le ſantal cytrin a cela de
propre, qu'il appaiſe les douleurs de la teſte: ie
dis de plus, que les perles qui donnent la loy à la
compoſition du diamargarit, ont vn ſingulier
vſage en medecine pour conforter le cœur, & reſiſter aux venins.

Aux appellans.

C'Eſt vn acte royal d'eſtablir des loix, & viure
ſans loix réuerſer les Eſtats: car la loy eſt vn
modele pour former prudemment la vie & les
mœurs d'vn chaſcun , fondee ſur l'aduis & le
conſentement des gens de bien , qui ſert autant
en l'Eſtat, comme le patron en la nauire, le car-
roſſier en la carroſſe , & le general en l'armee.
Mais la ſupreme ſageſſe eſt de ſçauoir bien conduire les loix: par ce qu'elles ne peuuent determiner à poinct nommé ce qui eſt meilleur à chacun, entant que la diuerſité des hommes & de
leurs actions , & le changement des affaires du
monde, ne permettent pas que l'on puiſſe donner vne regle generale & infaillible pour tous,
& qui dure touſiours. La loy diſt Platon eſt comme quelque ruſtau opiniaſtre, qui veut tout emporter de haute luicte, ſans contredict, ſans autre raiſon ou opinion que la ſienne: nonobſtant
que l'eſtat des affaires ſoit changé. Tellement
qu'il ne ſe peut faire, que la loy ſoit entierement
vtile à tous: ains ſeulement à la pluſpart. Comme tous les corps ne peuuent ſupporter vn meſme regime de viure, ainſi tous les hómes ne peuuent receuoir profit d'vne meſme loy. Mais cóme le ſage Medecin s'accómode au naturel , à la
couſtume du pays, à l'aage, & à la ſaiſon: & cháge
le regime & les remedes, ſeló les diuerſes occur-
rences: de meſme les iuges ſouuerains temperét
ſouuent l'aigreur des premiers iugemens fondez

au pied de la lettre, ou ſur les mots precis de la
couſtume ou de l’ordonnance, ou ſur les forma-
litez. Par ainſi l’appel eſt vn ſalutaire remede,
qui peut adoucir par equité la rigueur des loix,
& moderer les ſoudains mouuemens des premiers Iuges. Il n’eſt pas touſiours beſoin de ſuiure ceſte rude ſeuerité. Homere dit bien que la
loy doit vn peu ceder & obeyr à la partie de l’a-
me, qui eſt enflee de deſpit & de courroux, &
ne la faut entierement combattre ny luy reſiſter.
Que ſeroit-ce ſi l’on vouloit touſiours appliquer
ſur les vlceres, des medicamẽs piquans. Le miel
meſme, pour doux qu’il ſoit, leur eſt douloureux.
C’eſt doncques bien la raiſon, que les appellans
qui ont le courage enflé de deſpit, & l’ame toute vlceree, ſoient vn peu adoucis en leur mal-
heur. Auſſi diſons nous que la fin & intention en
tous les iugemens, c’eſt en effect la iuſtice. Mais
la iuſtice s’exerce par eſlection: & pour bien eſli-
re, faut auoir la ſcience du droict, la ſageſſe pour
euiter les ſurprinſes, & l’equité pour balancer le
droict d’vn chaſcun. Tels ſont les Iuges eſtablis
par les ſainctes loix. Il eſt vray que les premiers
ſont menez & conduits bien ſouuent par les bri-
gues & faueurs des parens & voiſins. Ce qui ne
peut tomber en l’eſprit de ceux qui ſont en tout
eſloignez, & ſans cognoiſſance ny de l’appellant
ny de l’inthimé : Semblables à ces Areopagites
Atheniens, qui ſont dépeints les yeux voilez, &
les mains croiſees: ou biẽ à ce Minos qui iugeoit
les hommes tous nuds, ſans auoir eſgard à leurs
richeſſes ou à leurs faueurs. Ny la paſſion ny
l’imprudence, ne les peut esbraler qu’ils ne tiennent

nent la balance de iuſtice droite, auec vn attrem-
pement, que la ſouueraine puiſſance ſoit mode-
ree par la douceur. Ce ſont ceux qui par leur authorité donnent la loy aux loix meſmes, & reforment bien ſouuent les conſeils politiques. O
Iupiter, diſt le bon vieillard Neſtor, de combien
tu ſurpaſſes les hommes & les Dieux en ſageſſe.
C'eſt ce Iupiter, ſelon l'aduis des Philoſophes,
qui eſt la nature de l'Vniuers, qui tout enſerre &
paſſe par tout, qui tempere le cours du Soleil &
de la Lune, qui conduit le branle des ſaiſons, qui
faict auancer & reculer le flux & le reflux de la
mer, qui met vn ordre & police admirable en ce
bas monde. C'eſt la vraye idee de iuſtice, dont le
ſoleil reluit vniuerſellement à toutes terres, qui
met en paix & tranquilité les hommes, & affer-
mit les Eſtats. Quel contentement doncques aux
pauures plaideurs, de faire ſi heureuſe rencontre pour ſoulager leurs afflictions. Encores pour
comble de felicité, ils rencontrent au premier
abord du palais, des hommes armez de toutes
pieces, touſiours preſts à ſeconder leurs amys, à
deffendre l'eſtranger; à prendre la cauſe en main
de ceux qui ſont en peine, & à donner frayeur à
nos ennemys. Gens ſages leſquels par leur bon
aduis, & par leur bien dire maſle & courageux,
maintiennent le bon droict d'vn chaſcun. Tels
furent anciennement à Rome, Cethegues & le
Lins, ſurnommez le ſucre de bien dire & la douceur de ſageſſe. Les noſtres pour le iourd'huy
ſçauent attirer les volótez des Iuges par vn beau
diſcours de quelque faict remarquable, par vne
ſuite de raiſons & vn langage bien limé. Ce n'eſt

H

plus le temps de s’amuser à des discours tirez de
loin, enflez & trop esleuez, escartez en longues
digreſſions, & qui ne preſſent pas viuement. Les
appellans sont premierement instruicts par ces
veteranes chargez d’hôneur, de merites, de cou-
ronnes & de victoires, comme il faut attaquer
son ennemy , pour renuerser le premier iugement, miner & ſa per les fondemens.   Et s’il est
besoin de quelque esprit plus vif, plus ferme &
plus actif pour faire esclatter l’appel iusques aux
chambres dorees , vous n’en manquerez aucunement.   Nostre siecle est heureux en ces rares
esprits .   Et de faict, c’est l’estude pour le iour-
d’huy des beaux naturels : car toutes les autres
estudes n’apportent aucun honneur ny profit: ce
n’est qu’vn plaisir paſſager , & vne loüange de
peu de duree sans fruict .   Ceste science dit Platon, est aſſise en la poupe, & preside au gouuernement des estats, comme maistreſſe de nos maisons.   Faict les hommes riches, sages, libres &
heureux.   Ce n’est doncques de merueilles si la
ieuneſſe d’esprit prompt, d’heureuse memoire &
de iugement exquis, s’adonne à ceste science des
loix .   Que sert pour bien viure de sçauoir d’où
vient la diuersité de couleurs en l’arc-en ciel,
comme se font les neiges & les frimas. Quel profit de recognoistre la proprieté des plantes, rechercher au fonds de la mer, la nature des poissons : monter en l’air pour apprendre le ramage
des oyseaux, & leurs qualitez.   Ie reuiens à nos
appellans, qui trouuent du secours en toutes façons , procureurs vigilans, Greffiers diligens,
huiſſiers hardis.   Tellement que rien ne manque

pour s'embarquer heureusement en ceste grande mer, & faire voile à la mercy des vents & des
orages. C'est vrayement le grand Occean, qui de
premier abord se môstre bonasse, poly, bien vny,
lissé: vn marbre luisant mais au fond sont les dan-
gers & les tempestes. Il est besoin d'auoir vn bon
pilote, qui remarque les pleyades, le bouuier &
le brouïlle festorion. Autremét on peut bié dire,

O qui au ciel t'es fié trop auant,
Et de la mer au calme deceuant,
Gisant seras Palinure tout nud ;
Dessus la greue en riuage incogneu.

C'est la verité que celuy qui s'embarque en ceste
mer de procéz, passe sa vie sans repos & en perpetuel soucy, forcé à faire plusieurs choses contre son vouloir & son deuoir. Aussi le procéz, selon les Grecs, est vn songe-malice. S'il est vray ce
que dit Empedocles, que le monde s'assemble &
desassemble par l'accord & par le discord: l'vn
qui bastit, l'autre qui demolist : l'vn qui tranche
à droict, l'autre qui coupe à gauche. Ce ieu de
fortune, se voit plus clairement en l'hasart des
procéz. Où les deux parties sont en egale balance, & se combattent perpetuellemét par raisons
contraires. Mais comme dit le bon Hippocrate,
si le monde n'auoit ceste contrarieté d'elemens,
la ioye & la tristesse seroiét bânies loing de nous.
Les contraires opinions noûs donnent le change de plaisir & desplaisir. Le pis est qu'il faut
souuent que les Aduocats suiuent l'humeur & la
phantaisie des plaideurs, autrement ils ne peuuent faire leurs affaires, ny maintenir honora-
blement leur estat, & aggrandir leurs maisons.

Ils ne font plus de ces fimples , qui plaidoient
pour acquerir reputation , comme fit iadis Patron du temps d'Euander , qui prenoit en main
gratuitement & de gayeté de cœur , les caufes
des pauures contre les grands.   Le nom eft bien
demeuré, mais la pratique n'eft plus.   Cela fuft
bon pour fainct Yues, qui plaidoit pour fes parties , & les nourriffoit.   Et à la verité ce n'eft pas
la raifon, que les hómes d'efprit perdét le fruict
de leur eftude pour les affaires d'autruy.   Si cela
auoit lieu, les pauures demeurcroient fans Aduocats. Le pis encores pour les plaideurs, quand
ils tombent entre les mains de certains taquets
du Palais , mafquichons des biens d'vn chafcun,
efcumeurs de bourfe, vrayes fanfues, qui fe font
payer à difcretion, de puiffance tyrannique, qui
nourriffent les procéz , cóme pepinieres de rentes & penfions annuelles .   Ces gens-là crient à
pleine tefte.

 Sus debout, que tout on precipite,
 Que fur les bancs on fe mette à ramer,
 Et qu'à pleine voile on face targue en mer.

C'eft de ceux-là que Columelle entend, que les
eftats fe peuuent bien paffer.   Voilà comme les
appelans fe rongent le cœur de foucy, & deuiennent melancholiques.

Aux Ciuilifez.

LEs ciuilifez fçauent complaire à tous, accô-
fter gratieufement vn chafcun, faire la cour
aux Grands, careffer les petits, defpendre ho-
norablement, paroiftre en tous lieux , feruir les

amys au befoin, s'accommoder au temps & au
naturel des perfonnes, parler peu & fobrement
auec les Princes, fe refioüir auec les fplendides,
traicter reueremment auec les vieillards, manier
doucement les ieunes, donner courage aux entrepreneurs. En ce mefme fens felon mon aduis,
les Aduocats ont nommé requeftes ciuiles : les
humbles prieres que font les appellans aux Iuges fouuerains, pour faire reformer leur premier
arreft, parce que ces requeftes fe prefentent auec
tant d'honneur, de reuerence & difcretion, que
ce n'eft que ciuilité , dont les Iuges ne fe peuuent offencer : encores qu'en effect la requefte
foit dreffée contr'eux mefmes. En cefte grande
entreprinfe, tous les fens font bendez, & tous
les nerfs de l'entendement tendus : par ce que le
fuccéz en eft merueilleufement douteux. Ce
font les maux que l'homme procure à l'homme,
pour luy feruir de loup rauiffant : La terre produict le venin, mais qui en a trouué l'vfage finon l'homme. L'elephant aiguife fes cornes contre les arbres, & le fanglier lime fes dents contre les pierres , mais pour cela ne s'arment-ils
point de venin. L'homme feul empoifonne les
riuieres, infecte les elemens, emprunte le venin
de tous coftez pour en faire mal : & de mefme
malice fufcite mille procéz. Ce n'eft doncques
de merueilles , fi les ciuilifez ou porteurs de requefte ciuile, ont du maltel en tefte & des imaginations melancholiques , qui demandent vn
prompt fecours, par la boiffon de mon fyrop
chaffe-douleur. Quelle apprehenfion ie vous
prie, de parler à vn Iuge fouuerain de propofi-

tion d’erreur , de ſurprinſe à ceux dont la ſageſſe reluict de tous coſtez : qui ſçauent tous
les conſeils & deſſeins : qui ont la practique des
affaires du monde : qui ne peuuent eſtre tranſ-
portez du paſſion. Neantmoins il faut que le ci-
uiliſé, trouue des moyens d’en ſortir honneſte-
ment : renfort d’aduocats , qui ſe dreſſent en
pied, pour maintenir par raiſons pertinentes la
ciuilité de la requeſte, & qui preſſent viuement.
Il n’eſt pas icy queſtion de ſe fonder en argu-
mens de Philoſophes : comme de remonſtrer,
que la verité eſtant plongee au profond du puits
de Democrite , n’eſt pas ayſee à trouuer. Que la
ſcience de l’homme aux affaires du monde, eſt
fort douteuſe. Que toute noſtre cognoiſſance
s’acquiert par le moyen des ſens, qui ne peuuent
repreſenter à l’imagination la verité des choſes,
ſinon par vmbrages . Que les Orpheures ſont
trompez ſouuent à la premiere touche de l’or.
En ſomme que la verité ſe peut deſguiſer par
vne infinité d’artifices. Et ſi l’on peut dire , que
les gens de bien ſont plus ayſez à tromper que
les meſchans : par ce que le ſemblable, diſent les
Philoſophes, recognoiſt mieux ſon ſemblable.
Comme celuy qui a eſté atteinct d’vne maladie,
la recognoiſt mieux aux autres. Ainſi ceux qui
ont ſouuent paſſé le chemin de malice, ſçauent
mieux les tours & deſtours ; ſont touſiours en
garde & deffiance : & par ce moyen plus diffici-
les à tromper que les gens de bien, qui n’ont pas
le modele des ruſes & tromperies graué en leur
memoire : ains ce n’eſt que bonté & confiance.
Et s’ils recognoiſſent en fin l’iniuſtice, ce n’eſt

pas par experience fur eux mefmes, ains par la
fcience qui cognoift le vice par la vertu, & le
tortu par le droict. Il faut bien venir au poinct
d'autre façon : comme de dire que la loy fur laquelle l'arreft eft fondé, n'eft pas folemnelle ny
fille de iuftice; ou bien qu'elle eft contraire aux
couftumes du pays. Ainfi en Suiffe & en Alle-
magne, on ne garde pas ric à ric la loy de Pitta-
chus, efcrite aux politiques d'Ariftote : comme
eftant contraire aux couftumes du pays. Il faut
monftrer quelque piece fuppofee, & entrer en
faux ou defadueu. Ie fouhaite bien que ceux
qui n'ont iamais goufté de telles amertumes,
n'ayent par cy apres affaire des aigre-douceurs
de ce fyrop , pour deftremper ce fiel tant
amer.

La gelee de coings pour les
bigueurs.

PRenez fuc de coings bien purifié fix liures,
que vous ferez boüillir à petit feu, iufques à
ce que la moitié foit confommee. Puis vous y
adioufterez quatre liures de vin rouge couuert
& quatre liures de fuccre fin. Ainfi ferez doucement cuire le tout, iufques à ce qu'il foit efpaix
comme miel. On peut adioufter vne dragme &
demye de canelle, des cloux de girofle & du gingembre, de chafcun deux fcrupules: ce fera pour
aromatifer la compofition.

Cefte gelee de coins, eftát d'vne cófiftéce pl°fer-
me que les fyrops, fera par mefme moyé pl°pro-
pre, pour arefter & fixer l'humeur remuát des bigueurs. Ioint auffi que les coins, felõ Oribafe, ont

H iiij

ie ne ſçay quoy de plus excellent que toutes les autres pommes, & leur ſuc ayant moins d'humidité ſuperfluë ſe conſérue mieux. Mais de quels coings faut-il tirer le ſuc pour faire noſtre gelee, ſçauoir ſi c'eſt des maſles ou des femelles. Ceux qui ſont les plus ronds, les plus iaunes & les plus odorans, ſont les meilleurs en tout & par tout. Ce ſont vrayement ceux, que les anciens ont nommé pommes cydoniennes, comme venans de Cydon vile de Candie. Columelle diſt que ce ſont les pommes dorees ou chryſomelés. Les François les appellent pommes de coings, à cauſe qu'ils ſont compartis par coings. Quant aux maſles nommez ſtruthiomeles, ils ſont plus gros & de meilleur gouſt, mais de moindre effet pour conforter. Pour les coigns de Milan, ou muſtéens, ils viennent ſur des aubesbins ou poiriers hantez, & reſſentent vn peu le ſauuagin. Tous ſont fort ſalubres, & ont vne odeur fort agreable. Leur complexion eſt froide & ſeche au premier degré. Celſe dict qu'ils confortent l'eſtomach, prouoquent l'vrine, reſerrant le ventre, & ſont propres apres le repas, pour reprimer les fumees du vin. Paul Eginete dict plus : Qu'il eſt bon de ſentir l'odeur du coing, à ceux qui ſentent mal du nez. Les anciens par ceremonie donnoient du coing à manger à la nouuelle eſpouſee, en la mettant au lict nuptial. C'eſtoit, dict Plutarque, que pour luy faire bonne bouche. Mais c'eſtoit à mon aduis, par ce que le coing s'appriuoiſe ayſément quand il eſt cultiué. Ceſte gelee de coings auoit encores beſoin de la douce liqueur du pere Denis, pour luy donner plus de vigueur à fortifier la digeftion, & à refueiller les efprits. Et fi ie diray plus, que ceft vn fingu-lier remede pour deftremper l'amertume de l'humeur melancholique. Ainfi dift Homere les dienx ô Menelaus ont donné le bon vin aux hommes, pour charmer les ennuicts. Et moy à la façon ancienne, ie prefente trois fois à boire l'vne pour la fanté, l'autre pour le plaifir, & la troifiefme pour le repos du corps, & de l'efprit, la quatriefme paffe la iufte mefure. Le vin dict Galien conforte la digaftion, faict fortir les fu-perfluités, & ameine le fommeil. Ce fut le moyen par lequel Pollion hofte de Cefar conferua fes forces, & fa vigueur, iufques à cent ans, & plus, fcauoir en arrofant le dedans de vin, & fométant le dehors d'huille. Platon en fa republique veut que fes citoyens paffé quarante ans frequentent les feftins librement, & paffent leur temps auec le pere Denis, cela leur fert cóme l'on dict, d'vne fontaine de iouuance, pour les faire raieunir, & fi le vin ramollift la rigueur de la vieilleffe, de mefmes que la trépe adoucift le fer, & le réd plus traictable. Ainfi cefte douce liqueur réd les vieil-lards alaigres & ioyeux, les remplift de bonne efperance, leur ofte la crain<ste, & les rend plus affeurés en leurs actions. Ie fçay bien que les vers Grecs chantent, que le vin, les bains, & l'amour nous adreffent au fentier, pour paffer bien toft en l'autre monde. Ceft quand l'on ne boit pas auec fageffe, & qui doubte que les re-medes les plus faluraires, ne fe puiffent tourner en deleteres, s'ils ne font proportionnés auec difcretion. Le moyen de tenir la mefure, fera de

garder la loy de Platon, ſçauoir d'oſter le vin à
la ieuneſſe iuſques à vingt deux ans, ou le bien
temperer. Et en cela ſuiure le prouerbe Grec,
qui eſt de boire à cinq, ou à trois, & iamais à
quatre. Car en cinq la proportion ſe faict de
trois pars d'eau, & deux de vin, & en trois de
deux pars d'eau, & vne de vin, En quatre la proportion ne peut éſtre, ny de deux à deux, ny de
trois a vn. Mais quel vin faut-il choiſir pour le
meilleur, ſera-ce le gris fauuelet, ſelon Paul
Æginete, qui croiſt en lieu ſec, decouuert, &
ſablonneux. Auſſi Bacchus ſe plaiſt aux colli-
nes, qui eſt clair tranſparent, ſubtil, & de bonne
framboiſe, ou bien prendrons nous le vin
rouge vn peu couuert, comme plus propre à
la ſanté, moins fumeux, & qui n'offence aucunement ny le cerueau, ny les nerfs, ceſt
mon aduis. En ſomme toute la compoſition
conforte l'eſtomach, & le foye, ayde la digeſtion, donne appetit, & arreſte le vomiſſe-
ment.

Aux Bigueurs.

Biguer, harder, troquer, ſont actes d'vn
gentil naturel, d'vn eſprit ſubtil, & tout
de feu, lequel à tous momens, & au premier
bruit, eſt preſt a prendre party, & à liguer
non ſeulement hardes, cheuaux, & benefices,
mais bien à changer de deſſein. Soudain qu'il

entend parler de nouueauté, il court au bruict,
puis sur l'heure en perd le goust, neantmoins
quoy qu'il entreprenne, tout luy succede à
souhaict, estant bon, comme l'on dist au poil,
& à la plume, cest commander au temps, &
aux saisons, & se tourner de tel costé que l'on
veut. Et certes nos bigueurs ont des mouuemens sans fin, & des desirs sans compte. Et
font toutes leurs actions auec grande merueille,
ils s'auancent, puis se reculent tout à coup,
ils se cachent puis se monstrent au iour, & tous
ces changemens rapportent vn singulier contentement, & des plaisirs sans nombre, au
pris de ces foibles esprits, & grossiers, qui
font asseruis à vn seul dessein. Nous voyons
bien des Saturniens adonnés entierement à la
contemplation. Et d'autres d'vn naturel plus
iouial, qui se portent au maniement d'vn seul
affaire. Mais ceux-cy sont à tout faire, bons
pour le droict canon, pour le ciuil, & pour les
affaires de cour. Combien se trouuent il de
beaux esprits pour le iourd'huy, lesquels ayans
suiuy la profession des lettres, & permis la
longue robe, depuis comme l'aage, & le iugement leur a faict cognoistre le peu d'auan-
cement, que rapporte cest estude, ils se font
gayement portés, à faire de belles & grandes
affaires, qui peuuent en vn moment combler de richesses, d'honneurs, & de bon-
heur. Et quoy viure en ce monde comme les
pierres, qui n'ont qu'vn seul mouuement de
tomber à plomb sur la terre, ou comme les

plantes qui ont leur fin tellement reglee, qu’elles ne s’escartent iamais du premier but, entant que les racines s’estendent tousiours contre bas, pour tirer le suc & la nourriture de la terre, & les fueilles se placent au dessus, pour couurir les fruicts. Les moindres animaux sans artifice, ou conseil, n’ont qu’vn seul dessein en leurs actions. Ainsi l’areigne faict sa toille seulement, la formy met en reserue sa prouision, & l’arondelle cymente son nid. La peinture, & la sculpture, & les autres ars de moindre estoffe, ne s’escartent point de leur premier dessein. Mais nos bigneurs qui ont l’esprit vigoureux, & transcendant ne peuuent borner ny assubiectir leurs haultes pensees, ains se nourrisent tousiours de quelque haute esperance, en choysissant de iour à autre la condition de vie qu’ils iugent la meilleure, & la plus heureuse, qui est en somme d’auoir du bien, de l’honneur, & du plaisir, tellement qu’ils rompent le dés, & prennent nouuelle chance, quand la premiere ne leur vient pas a gré. Si le barreau ne leur plaist, ils se retirent en lieu de seureté & de paix, à l’abry de la poesie, pensans qu’il est plus aysé de faire des vers, que de combatre à viues raisons, & qui donnent droict à la visiere. Ils ayment mieux se contenter en leur entendement, s’eschauffer de nouuelles inspira-rions, choisir vn subiet selon leur phantaisie & sans contredict pour luy donner l’action gaye, & les mouuemens mesurés à la cadence. Si les hasars & le mespris de la marchandise desplaisét, on s’embarque soudain en ceste grande mer des finances, ou l’on peut recueillir vne moisson d'or fans femer, ny fe donner peine, ny courir rifque. Si la vraye vie de l'homme, qui eft d'enrichir l'efprit de fciences, contemple la fabrique du monde, & acquerir la fageffe, ne peut affouuir les defirs, & l'ambition. Quel moyen plus propre, que de fuiure la Cour, careffer les grands, amadoüer les petits. On laiffe pour le iourd'huy tous ces difcours a part, que l'homme fage doit premier fonder fon naturel, & fes forces, que de faire choix d'vne profeffion, qu'il doit conduire fes actions par ordre & raifon à vn certain deffein, & non pas à la volee, fans confideration. Ceft fe dit-on le propre des ignorans de fe plaire au nouueau changement, côme malades d'efprit, qui dedaignent toutes chofes prefentes. Ceft bien auoir l'efprit inconftant & plein de tourbillons fans arreft, qui va, qui vient, qui rentre, qui fort, & qui s'enfuit de foy mefme. Dés le commencement fi l'homme recognoift que fon naturel foit entierement porté à viure à foy mefme, fans faire monftre de fes actions en public, qu'il fe contente de cefte vie, qui eft la plus belle de toutes, fçauoir eft de combatre fes paffions au dedans, regler fes meurs, & fe rendre vn modelle de vertu pour former les autres. Si l'efprit eft affés ferme, pour fupporter le tabut des affaires du monde, pour viure à la difcretion du peuple, & dépendre de fon iugement, & pour eftre le iouet de fortune, qu'il fuiu e la vie politique, & afpire aux grandes charges. Mais s'il fe trouue quelcun qui ne puiffe viure heureux & content, s'il n'a de repos & les grands moyens tout enfemble,

ie ne fcay pas pour moy quel chemin il doit tenir, car le repos fans moiens, femble nous ban-
nir de tous plaifirs, & la richeffe fans repos eft
en cela plus miferable, qu'elle ne peut iouyr à
fouhaict des biens, recherchés auec tant de fa-
tigues, ceft à mon aduis le labirinthe ou l'on fe
pert d'ordinaire, quand on veut affembler ces
deux contraires. En fomme la vie qui n'a point
de deffein affeuré, faict paroiftre vne infigne
folie, & qui merite en tout temps, & en toute
faifon d'eftre fournie de l'antidote de melancholie. Pour regime ie ne veux dire a telles gens
finon ce que refpondift Numa, a ceux qui luy
prefenterent le diademe Royal des Romains,
que le changement de vie eft dangereux, & que
l'homme, lequel fans neceffité, & fans eftre pref-
fé de la fortune, veut de gaieté de cœur, changer fa condition pour en fuyure vn autre, il
faict folie, laiffant le certain, pour courir à l'incertain.

Aux Rieurs.

DEmocrite le Prince des rieurs, fe mocquoit
iadis de l'erreur, & folie des hommes, les
voyans courir de tous coftés aux biens, honneurs, & fciences, fans cognoiftre tant ils eftoiét
aueugles, que tout eft icy pefle-mefle, autant
plein que vuide, en continuel mouuement, &
changement. Le Phyficien Empedocles crioit

aussi de son costé, que tout estoit caché, que
nous estions entierement aueugles, que la cognoissance des choses estoit enuelopee de plusieurs difficultés, nos iugemens fort debiles,
& continuellement agités de passions le pleureur Heraclite, qui le croira, voulut tenir le
party des rieurs, disant qu'il ny auoit aucune
asseurance aux affaires du monde. Car si l'on
dist que la riuiere coule contre bas, en le disant l'eau est desia coulee. Et tous estoient fon-
dés en mesmes raisons, sçauoir est sur les representations, que les sens rapportent a la
phantaisie, qui sont fauces, & trompeuses,
& que peuuent-ils rapporter de certain; de ce
qui ne demeure iamais en mesme estat. Socrate aussi en sousriant n'affermoit rien à ses
partisans, les sousrieurs academiques tout de
mesme, gens despouillés de toutes passions,
& mis à nud comme la premiere matiere, qui
considerent les choses à sens froid, se tiennent
libres, vniuersels, & ouuers a tout, auec vne
surseance, & indifference de iugement, sans
rien resoudre, affermer, ou determiner, parce
dient-ils, que toute opinion se peut debatre,
& a deux visages, & la raison est de plomb,
qui se ploye de tel costé que l'on veut, tellement que l'esprit selon leur aduis, doit estre
en tout temps, comme vn papier blanc, sans
receuoir aucune teincture par les opinions d'autruy. Ces rieurs icy auec ceste froideur sont
neutres, n'espousent rien, ne tiennent aucun party, n'ayment rien au monde, tout

leur eſt indifferent, & ſont en perpetuelle irreſolution, neantmoins deſirent qu’on les qualiſie ſuffiſans, prudens, & auiſés, qui penſent plus qu’ils ne dient, qui meinent vne vie auec toute ſeurete, ſans ſe ſoucier autrement comme vrays meſſites, ny du bien, ny du mal, ny du vray, ny du faux, ny du temps, ny de la ſeigneurie. Ainſi tout eſtant incertain, c’eſt tiré au blanc, a perte de veue, que de prendre aucun party, c’eſt ſuiure les oyſeaux voletans à pas eſcartés. Mais laiſſons ces vieux reſueurs du temps iadis, & venons à ces rieurs de noſtre temps, qui baſtiſſent ſur les meſmes pilotis, de dire que le monde eſt grue & ignorant, qui ne voit clair aux affaires, ne iuge rien à propos, prend, & reçoit toute opinion, admire ſeulement ce qui eſt eſclatant, tellement qu’il eſt ayſé de faire croire toutes ſortes d’inuentions. Par ce moyen nos modernes rieurs deſguiſent & eſpargnent la verité, & au lieu de verité, nous vendent & du vent & de la vanité. Les vns par inuentions nouuelles forgees en l’air, les autres par vn langage fardé & couuert. Ainſi

> *On ne voit à la Cour, que feintes, & ſoupçons,*
> *On voit tourner vn heure, en cent mille façons.*

Les autres en ſomme par leurs actions difformes, & diſſemblables à leur parler, & le tout auec menterie & piperie, c’eſt bien à mon aduis.

> *Se feindre vn ris, auoir le cœur en plainٰcte,*
> *Hayr le vray, aymer la choſe feinte.*

Ie deteſte comme l’enfer, diſt Achille en Homere,

mere, celuy qui tient en son cœur autre chose, qu'il ne dit de bouche, qui pense l'vn & dit l'autre : certes c'est vn indice d'ignorance, ou de malice, de taire la verité : car les ignorans ne la peuuent comprendre : & les meschans la dissimulent pour leur profit : mais l'homme de bien la prefere à toutes choses, iusques à reformer ses propres opinions. Que nos rieurs ne dient plus que Socrate fust de leur party : car pour vn temps il fust contraint de dissimuler ses pensees, craignāt la furie du peuple. Mais quand il se vit proche de sa fin, & sur le depart de ceste vie. Ce fut lors qu'il parla franchement à son amy Phedon, & sans aucune dissimulation, de l'immortalité de l'ame. Ce qui donne de la melancholie à nos rieurs, est, que la verité fille du temps, fait voir au iour leur vanité & piperie : tellemēt qu'il faut inuenter nouuelles ruses pour couurir le ieu, & la pitié quand il faut repliquer d'vn esprit vif, & present, contre ceux qui descouurent le pot aux roses. Tout le remede c'est de boire du syrop, afin d'arrester ce Mercure, qui se transforme en tant de façons. Mais ie demanderois volontiers à ces Messere, s'ils ne sçauent pas assez, que Dieu nous a donné les sens suffisans pour recognoistre les choses, & la raison pour nous seruir de guide, & de lumiere à trouuer la verité. Donques par les sens, & par la raison, l'homme peut sans vanité, ou feintise, voir l'estre, l'estat, & les causes d'vne chacune chose, sans s'escarter en des discours en l'air ; & si peut donner la touche si bon luy semble, aux raisons sophistiqueez. Il ne prend iamais le change ny le blanc, pour le

I

noir. Ne sert de dire, que tout est en branle perpetuel. Du moins la sale du bal, tient ferme, & les
ioüeurs d'instrumens, iugent de la cadence. Ce
n'est que la moindre du monde, qui va tournoyāt
par diuers mouuemens, sans que les especes se
changent. Tous les cieux gardent leur cadence
mesuree, & si sont conduicts par vne essence im-
mobile : à laquelle le sage vise droict, comme au
but, & au blanc de ses actions : tellement qu'e-
stant ainsi porté à la verité, il ne chancelle point
en ses opinions, il ne branle point au manche, &
se tient ferme, en sorte que son parler, ses intentions, & ses actions sont conformes à la verité.

Aux Affranchis.

LEs affranchis sont en pleine liberté, viuent à
discretion, conformement à leurs desirs. Et
peuuent par ce moyen sans combat, ou contredict, parler hardiment ; despendre librement,
paroistre en toutes compagnies la teste leuee.
Sont prests quand bon leur semble, à monter à
cheual pour faire exercice sans se forcer, à courir
le cerf, & à voler la perdrix. Et quand l'humeur
leur change, ils reprennent le discours, & l'en-
tretien des dames, & meinent vie ioyeuse en festins, au bal & à la comedie : le tout sans aucun
dessein particulier. Belle & heureuse vie, qui la
sçait bien cognoistre, & en tout esloignée de la
condition seruile, pleine de miseres, & d'espines.
Mais il est bien difficile en ce grand heur, de tenir la mesure, & que l'on ne se mesconte en ses
opinions, en s'escartant du droit chemin de la

raiſon ; qui eſt d'ordinaire contrepoinctee à ces
volontez trop libres, & affranchies. Et c'eſt en
en ce point ou l'vſage de mon ſyrop eſt neceſſaire. Et qui eſt celuy dict le ſage, qui peut viure
affranchy, puis que nous ſeruons à la fortune, à
l'argent, & au plaiſir. Et que peut rapporter ie
vous prie, ce grand affranchiſſement, ſinon de
viure en maladies d'eſprit, & ſuiure pluſtoſt nos
volontez, que l'aduis des Medecins, m'eſpriſer
les loix, comme celles qui nous oſtent la liberté:
ſe laiſſer emporter librement au ſeul appetit dé-
reglé. Au contraire le vray affranchiſſement, eſt
de captiuer nos volontez, & obeyr à la raiſon;
coucher quelquefois ſur la dure, loger à l'en-
ſeigne de la Lune, & ſ'endurcir au trauail. C'eſt
eſtre eſclaue, dict Seheque, que de ſeruir à ſoy-
meſme: & vraye liberté que de ſeruir au public,
& à nos amis.

Les ſources minerales, & medicamenteuſes,
remede ſingulier pour les
Panegyriques.

L E ciel faict preſent de ſes riches threſors,
non ſeulement aux choſes qui ſont ſur terre, ains penetre par ſa chaleur & influence iuſques aux lieux ſouſterrains ; ſans qu'on le puiſſe
apperceuoir. Ces beaux rayons departent leurs
vertus ſingulieres à tous les metaux, les pierres,
& terres medicamenteuſes, aux bains naturels, &
fontaines vitriolees. Le tour pour ſeruir à l'homme en ſes neceſſitez. Ainſi ce feu lumineux

des flambeaux celeſtes, qui peut eſclairer iuſques
aux abyſmes, meſlange les vapeurs aſſemblees
ſoubs terre, en diuerſes façons, rendant les vnes
liquides, les autres dures. Et de là vient que ces
corps ſoubs-terrains ſe conſeruent ſi bien en
leur entiere & parfaicte mixtion. Quel plaiſir ie
vous prie, de voir reiallir ſur terre, tant l'Eſté
comme l'Hiuer, ces boüillons qui ſ'eſleuent en
haut du plus profond des montagnes. Quel contentement de ſe mirer en leur beau cryſtal, & de
ſauourer ceſte aigreur, qui reſiouyſt les ſens, &
reſueille l'appetit? Que dites vous, Meſſieurs, de
ceſte vertu ſinguliere de nos fontaines, par laquelle les broüillards, & tourbillons des folles
imaginations ſont eſclaircies & calmees.

Præſenti & lympha, lymphaticus error abibit.

N'eſt ce point ceſte fontaine de Clytoris, où
Melampe gueriſt la folie des filles de Protee. Ie
veux que l'or le plus pur & le mieux temperé de
tous les metaux, puiſſe reſiouyr le cœur, & luy
donner force & vigueur, comme l'on peut voir
par l'effect de diuerſes compoſitions, en la confection alchermes, en l'electuaire de perles, &
au dramargarit. Et ſi l'on veut croire aux Alchi-
miſtes à credit, ils diront merueilles de l'or potable. L'argent auſſi par vne proprieté ſpecifique, conforte le cerueau, & ſert merueilleuſement contre la manie, & la melacholie: teſmoin
l'electuaire reſiouyſſant de Galien, & la compoſition doree Alexandrine. Les Spagyriques pre-
parent l'huile d'argent, contre le mal caduque.
Et bien la poudre d'acier ce ſaffran des Mars de-
ſopile la ratte: Le plomb gueriſt les vlceres chi-

roniens : Le vif-argent Mercurial eſt ſingulier
aux vlceres malins : & l'antimoine de meſme, qui
peut encores purifier l'or, & ſeparer les humeurs
corrompues de nos corps. L'eſprit de vitriol
ſert au mal caduque : & l'eſſence d'iceluy reſiſte
à la pourriture. Le ſoulphre attire le venin, &
ſon huile gueriſt les vlceres chancreux. De plus
les perles donnent vigueur au cœur, & reſiſtent
aux venins. Le ſaphir ſert particulierement contre la morſure du ſcorpion. Le hiacynthe contre les piqueures des beſtes veneneuſes. L'eſmeraude combat la melancholie : Le coral & iaſpe
ſeruent merueilleuſement à l'eſtomac : Mais la
nature deſirant faire vn chef d'œuure en nos
ſources criſtallines, leur a fait vn preſent de toutes ces vertus ſingulieres : car il n'y a vitriol, ny
poudre d'acier, qui puiſſe mieux ſubtilier les
matieres retenuës au foye, en la ratte, & aux
roignons, & les deſemparer de leur retraicte,
que faict la boiſſon de ces ſources. C'eſt vn remede ſingulier de la iauniſſe, & des paſles couleurs. Vn furet qui fait ſortir les eaux des hydro-
piques de leur clapier. C'eſt vn percepierre qui
penetre à trauers des canaux de l'vrine. Il n'y a
plomb, ny cuiure bruſlé, qui deſeche mieux les
vlceres internes. Il n'y a coral, ny iaſpe, qui con-
forté mieux l'eſtomac : l'argent ny l'eſmeraude
ne ſont pas ſi ſinguliers contre les paſſions melancholiques, que nos ſources criſtallines. Et ſi
ie diray plus, que les ardeurs des folles amours
ſe peuuent eſteindre par ceſte froide liqueur.

Sic veneris ſtimuli, caſto minuentur ab amne.

Auec voſtre permiſſion, ie veux icy faire vne

poſe, pour contenter les plus curieux, qui veulent ſçauoir de moy par le menu, d'où viennent ces belles proprietez & vertus. Si c'eſt ſeulement du ciel, ou bien ſi la terre qui produit ces ſources, contribue quelque choſe du ſien. C'eſt la folie du monde pour le iourd'huy, qui meſpriſe le merite, ſil n'eſt accompagné du luſtre, & de la recommandation des anceſtres.

De la premiere origine des fontaines minerales.

CE n'eſt pas de merueille, ſi les eſprits ne peuuent arreſter leur viuacité en la récherche des ſecrets, & miracles de la nature. Ils trauerſent les mers, montent au ciel pour compter les eſtoilles, & compaſſer la cadence des mouuemens celeſtes. Bien plus ils percent iuſques au centre de la terre, pour recognoiſtre la cyſterne, qui reçoit toutes les eaux, puis les depart vniuerſellement par tout le monde. Sçauoir doncques ſi nos belles ſources prennent leur premiere origine du centre de la terre, où ceſte grande cyſterne a eſté baſtie ſelon l'aduis de Platon. Ou bien dirons nous auec le Sage Salomon, que ceſte grande mer apres auoir englouty toutes les eaux des fontaines, & des riuieres, leur rend en contr'eſchange par des tuyaux, & acqueducs qui paſſent ſous terre les meſmes eaux, qu'elle auoit receu: les faiſant couler & deſſaler par meſme moyen, ſans aucun danger, ny que la terre en ſoit esbranlee pour cela. Et dict plus, que les eaux qui coulent les premieres , eftans pouffees par la force de celles qui fuiueut apres , montent iufques au fommet des montagnes . Et f'il faut dire que iamais ce cours ne manque, nonobftant les ardeurs du Soleil, qui enleuent portion des eaux: car les pluyes nous en rendent tout autant, felon l'aduis des Philofophes , lefquels de bonne volonté, ont contribué ce qu'ils ont peu pour l'efclairciffement de cefte difficulté. Ce n'eft pas que ie vueille affermer, que nos fources viennent des pluyes, quand elles f'emboiuent dedans la terre rare & fpongieufe. Ce font pluftoft fonges fanatiques , que raifons pertinentes. Moins encores faut il croire, que les fources viennent aux lieux, où les forefts ont efté couppees , & qu'elles f'entretiennent de l'humeur qui feruoit auparauant de nourriture aux arbres. Ie laiffe librement toutes ces opinions, les vnes comme trop efloignees de nos fens, les autres eftans du tout hors de raifon. Difons auec ce grand Genie de nature, que toutes les fources , tant les chaudes comme les froides, font faictes par les vapeurs retenues foubs terre, & conuerties en liqueurs. Puis quand il fe mefle quelque portion des metalliques parmy ces liqueurs , alors s'engendrent les fources nommees minerales, & medicamenteufes. Voila felon mon aduis, ce que l'on peut coniecturer des principes, & des caufes de nos fources cryftallines.

I iiij

Du meslange des sources medicamenteuses.

QVi sera le sage conducteur, pour guider
auec vn filet nos pas chancellans dedans ce
dedale sousterrain, afin de remarquer à l’œil, &
à point nommé les mineraux qui entrent en la
compositiõ de nos sources? C’est bien plus grande merueille de penetrer au trauers de la terre
sombre & espaisse, que de recognoistre l’eau, qui
qui est vn miroir transparent, c’est là où les bons
esprits doiuent mettre au iour leur vigueur &
subtilité. Les voyes en somme qui nous condui-
sent en ce labyrinthe sousterrain sont deux, la
premiere considere la source en son entier, & telle que nous la voyons reiallir en ses bouillons.
L’autre nous conduit à la separation des parties
minerales meslees auec les sources. Au premier
chemin nous sommes guidez par les sens fidelles
messagers de la verité : comme par l’attouchement, par la veuë, par le gouster, & par le flairer, & de plus par l’experience. Vray est que bien
souuent on se peut fouruoyer en ce grand chemin, si l’on n’est assisté de la raison & du iugement. Ainsi nos fontaines froides, claires tran-
sparentes, aigres & piquantes au goust, monstrét
assez les mineraux qui dominét en leur mixtion.
En premier lieu ces petits bouïllõs que l’on void
reiallir au dessus, tesmoignent assez les vapeurs
du vitriol : & qu’ainsi ne soit, soudain que la vapeur s’esuanouïst, l’aigreur se perd par mesme
moyen. Meslez de la substance de l’esprit, ou de
l’essēce de vitriol auec de l’eau, & vous recognoi-

ſtrez ſon aigreur. Vous remarquerez encores en ces ſources vne faueur telle, que celle de l'eau ferree où l'on eſteint vn carreau d'acier tout ardent, qui monſtre aſſez que les vapeurs du fer ſe meſlent auec ceſte ligueur. Quand eſt du gouſt ſalé & poignant, il vient ſans doute, du nitre, & non de l'alun : moins encore du marc de coupperoſe blanche, comme l'on penſe : car ſi tant eſtoit les couppes, & gondoles d'argent, où l'on boit, ſe terniroient ſoudain, & de plus la boiſſon cauſeroit des croſtons aux inteſtins, & la dyſenterie. L'œil & la langue peuuent auſſi remarquer combien ces ſources ſont riches en bol : car les faiſant diſtiller, on void le bol au fond : & les faiſant repoſer en vne couppe, il nage au deſſus en forme de toile d'araigne, & eſtant maché n'a de ſoy aucune faueur. A quoy l'on peut iuger que ce n'eſt du bitume. Mais pour plaiſir, ie demande comme ce bol terreſtre, & peſant peut nager au deſſus de l'eau. A quoy ie reſpons que c'eſt la force des vapeurs ſubtiles, qui l'enleue, & luy ſert de ſoubaſſement. Puis quand les vapeurs ſont exhalées comme il aduient par la diſtillation, alors le bol par ſa peſanteur retombe au fond. La couleur orangee qui ſe void à l'entour des fontaines, vient des vapeurs les plus groſſieres du vitriol. En ſomme les effects, & l'experience nous fait voir à l'œil la mixtion de ces quatre mineraux, en nos ſources. En premier lieu, la ſubtilité des vapeurs vitriolez paroiſt aſſez, quand ces eaux paſſent ſi legerement en ſubtiliant les humeurs groſſiers, & deſopilant les viſceres. De plus ces vapeurs meſlees auec l'eau temperent les ardeurs des parties internes. Le nitre sert à desecher les humiditez des parties superfluës, & le bol est astringent. Et s'il faut dire que ce meslange confus de qualitez contraires, corrige les intemperies inegales, & mal proportionnees : sçauoir quand les parries nobles en leur premiere complexiõ, sont discordantes, & sans aucune harmonie, par ainsi nous dirons à bon droict, que nos fontaines sont sur tous autres remedes fort salutaires à la iaunisse, à l'hydropisie, à l'opilation de la ratte, à la melancholie des passions hysteriques : mais comme le meilleur vin n'est pas sans lie, ainsi faut il dire, que nos sources ont vn gardez vous à cause de la subtilité de leurs vapeurs, qui font du desordre au cerueau, si l'on ny prend garde de pres, & leur froideur actuelle & potentielle nuit extremement à l'estomac, & aux complexions froides.

De la diuersité des sources Vitriolees.

Outes les sources vitriolees retiennent la vertu des mineraux que nous auons dict. Vray est que les vnes sont plus riches, & mieux doüeez, les autres sont mal partagees, entre celles qui ont acquis quelque renom parmy les beueurs d'eau, la fontaine de Spâ tient le premier lieu, estant belle, claire, froide, aigre, & aucunement aspre. Ie mettray au mesme ranc la fontaine de sainct Pardoux, par le iugement de ceux qui les ont goustées toutes deux. Elles sont fort ſubtiles, & legeres, paſſent ſoudain par les conduicts de l'vrine, purgent rarement par le bas ventre, & ont moins de nitre que les autres. Ce ſont vrayement des Nymphes bocageres, qui n'ont autre enrichiſſement, ou embelliſſement, que le naturel meſme. La noſtre de ſainct Pardoux ne craint ny le haſle, ny l'ardeur du Soleil, ny la rigueur du froid : eſtant deſcouuerte & deſmaſquée au milieu d'vne campaigne, & ſeulement auoiſinee de quelques cheſnes : tellement qu'elle ſe maintient mieux toute pure en ſa naïfueté, ſans aucun meſlange d'autres eaux. Vray eſt qu'elle n'eſt pas ſi ſubtile ny tranſparente que la ſource de la Frolliere qui eſt aupres : encore que ſes effects ſoient plus grands. Ie croy que la mixtion parfaicte des mineraux & la reunion de leurs ſubſtances, ſuit que celle de ſainct Pardoux ſe monſtre moins claire, & tranſparente : ce n'eſt pas qu'elle ſoit moins riche en eſprits de vitriol. Et de faict pour preuue de ceſte mixtion exacte, nous voyons que ceſte ſource conſerue mieux ſa force, & vertu, que d'autres, qui ſoudain s'eſuanoüiſſent en l'air. Ce n'eſt pas la mine du fer comme l'on dict qui la rend moins claire, car ſa legereté, & ſubtilité monſtrent aſſez le contraire. Vray eſt que le peu de nitre qui ſe rencontre en ceſte ſource, la rend moins purgatiue. Au ſurplus elle faict tous les effects que l'on peut attédre de la plus riche ſource vitriolee qui ſoit en France. N'en deſplaiſe à ces magnifiques & ſuperbes ſources de Pougues, leſquelles à la verité ont rencontré par bon-heur, vn lieu plus commode; vn plus aggreable seiour, & plus d'enrichissement : mais en effect leurs vertus & prorietez ne surpassent en rien celles de nos fontaines Bourbonnoises. Nous voyons à l'œil, & par experience, ce que peuuent les vns, & les autres. Non que ie vueille par presomption, ou passion captiuer le iugement d'autruy. Ie diray bien que les vnes ne sont pas plus vtiles que les autres. Des trois sources qui sont à Pougues, celle de sainct Marceau emporte le prix. Si les fontaines de sainct Arban en Roünois eussent peu conseruer leurs sources entieres, sans aucun meslange d'eaux douces, ie croy qu'elles feroiēt des effects merueilleux : car les boüillons montent fort haut, & reialllissent en grande quantité; ce qui vient sans doubte des vapeurs du vitriol. Ie les ay autrefois fait espuiser pour voir le fonds & le meslange, qui se fait des eaux douces. On en peut vser sur la fin de l'Esté. I'ay encores veu deux sources de peu de monstre & de peu d'effect, qui sont celles de Bichy, & de sainct Miou; lesquelles ont bien quelque rapport de faueur auec les premieres : mais leur force & vertu est si petite, qu'à peine peuuent elles faire aucun effect remarquable.

Des sources tiedes.

IL me sera permis, sans m'escarter de mon suiect, de dire que la plus grande ignorance est celle qui ne se cognoist pas soy-mesme, & qui pense par vaine gloire tout sçauoir. Ie dis cecy

à cause des sources tiedes, dont la cognoissance
est tant esloignee de nos sens, & tant difficile à
comprendre, que la verité semble se plonger si
profonds en ce puits de Democrite, qu'à peine
la vigueur des meilleurs esprits, luy peut faire
voir clairement le iour & lumiere. Ce qui nous
rend l'accez si malaisé, c'est que nos yeux voyent
vne consistence liquide d'eau, & neantmoins à
l'attouchement on apperçoit de la chaleur en cet
element, qui a le froid pour sa qualité formelle:
Ioint aussi que le diuers meslange des mineraux
qui donnent la chaleur, & la proprieté à ces eaux,
& si confus pesle mesle, que l'vne des qualitez
ne donne pas la loy aux autres. Comme il se fait
en la parfaicte mixtion, où les mixtes ont chacun leur temperament particulier. Tellement
que Galien ayant diligemment recherché la faculté des simples medicamens, ne veut rien pro-
noncer sur les sources chaudes, ains dit franchement, quelles sont composees d'vn meslange
confus de qualitez contraires, sans auoir aucun
temperament certain, pour produire vn effect
reglé. Mesmes il escrit qu'en ceste tiedeur la consistence liquide de l'eau peut nuire dauantage,
que ne peuuent profiter les qualitez des mineraux. Ce n'est doncques de merueille, si ceux qui
recherchent telles proprietez, tant esloignees de
nos sens, qui ont si peu de prise, & d'asseurance,
& où les escriuains sont tous distraits en opiniós
contraires, se sont fouruoyez souuent du grand
chemin, n'ayans rien de certain en leurs discours
& chācelans çà & là comme vn corps sans nerfs
& sans arteres. De dire que ces sources sont des

merueilles à purger à conforter le cerueau, & à
nettoier la poictrine, le tout sans incommodité.
Ce sont de belles & grandes proprietez, pourueu que l'on donne des preuues asseurées de son
dire. Pour moy ie confesse franchement, que ie
ne le peux comprendre, ny par les sens, ny par la
raison, ny par experience. Car les vertus, ou facultez medicamenteuses, si nous voulons demeu-
ter dedans les termes de la medecine, suiuent l'e-
stre de la chose. Or l'estre, ou principe essentiel
de toute chose naturelle, consiste entierement en
la matiere, en la forme, & en tout le composé.
Ainsi les facultez qui font cognoistre l'estre, ou
principe essentiel, sont en somme materielle,
formelle, & specifique : & par le moyen d'icel-
les on peut iuger de la force & vertu des medicamens, & de leur bonté, ou malice. En premier lieu ces sources ne peuuét estre purgatiues,
cephaliques, ou pectorales, par leurs qualitez
materielles, moins encores par le temperament:
car c'est vn theoreme certain que les medicamés
sont dits purgatifs, alexiteres, deleteres, cephaliques, cardiaques ou hepatiques par leur vertu
specifique qui attire auec choix, & election, &
par la propriete de toute sa substance, l'humeur
qui luy est familier, comme l'emant attire le fer,
& comme l'ambre tire la paille. De dire que la
subtilité & legereté des vapeurs minerales mon-
te au cerueau, cela ne conclud pas, que ces fources soient cephaliques par familiarité de substâ-
ce, & par mesme raison les sources froides qui
ont quantité d'esprits de vitriol, seroient plus
cephaliques. En apres leur chaleur ne fait rien

pour eſtre dictes cephaliques, ou pectorales. Autrement il s'enſuiuroit, que tous les medicamens
chauds feroient cephaliques. Or telle proprieté
ſpecifique, ne ſe recognoiſt ſinon par vne longue
ſuitte de pluſieurs effects conformes, à quoy la
vie de pluſieurs hommes ne peut ſuffire. C'eſt
pourquoy Hippocrate au liure de l'ancienne Medecine eſcrit que les arts naiſſent d'vne longue
obſeruation des effects de la nature. Ainſi toute
noſtre cognoiſſance commence par les ſens, &
s'accompliſt en l'entendement. Mais pouuons
nous en conſcience ordonner vn remede, duquel nous n'auons aucune certitude. Il feroit
meilleur ſelon le cõſeil de Celſe, d'vſer de remedes experimentez, que de faire des nouueaux eſ-
ſais aux deſpens d'autruy. Veu que l'experience
eſt bien hazardeuſe, & le iugement ſe peut tromper en ce qui eſt des euenemens. Ie veux prendre
pour argent contant, tous ces comptes que l'on
fait à plaiſir, il ne s'enſuit pas, que l'on tire des
maximes, pour fonder vne ſcience, car les theo-
remes ſont vniuerſels, & des choſes qui aduiénét
le plus ſouuét. Mais quelle aſſeuráce en ces ſources tiedes, ou le chaud cõbat le froid, ſans aucun
reglemét entre les deux qualitez. Ceſte liqueur eſt
en perpetuel changemét, ayant d'autres qualitez
en Hyuer, que non pas en Eſté. Le matin nous
luy trouuons vn autre gouſt, que non pas le ſoir.
Enſomme les effects en ſont du tout contraires.
Si quelques vns en reçoiuent allegement par opinions, c'eſt que nature ſe deſchargeant de telles
eaux par rencontre peut renuoyer quelques ſu-
perfluitez.

Sçauoir si les effects que l'on raconte des sources tiedes,
sont fondez en raisons.

IE demande premierement, s'il se peut faire,
que toutes les sources tiedes ayent mesmes facultez & vertus, nonobstant que le meslange ou
rencontre des mineraux, desquels elles sont composees, soit entierement diuers. Car si tant est
que l'action principale de ces sources, depende
des vapeurs minerales; il s'ensuit en bonne Dia-
lectique, que l'effect doit estre conforme à sa cause. Partant la diuersité dissemblable des mineraux, doit produire diuers effects : autrement il
faut confesser que telles eaux, n'ont aucun effect
determiné ; ains que nature irritee par leur tiedeur vomitiue, s'en descharge par tous moyens,
si les forces sont bonnes, ou bien demeure acca-
blees soubs le faix. Ie croy à la verité que toutes
participēt du bitume, qui n'est autre chose, qu'v-
ne vapeur fuligeneuse, ou bien vne fumee espai-
sie des metalliques bruslez tellemēt que les sources qui reçoiuent les plus subtiles fumees, n'ont
aucun goust, parce que la saueur comme monstre l'Aristote, se fait par l'exacte mixtion du sec
auec l'humide, telles sont celles d'Encausse. Les
autres que i'ay veu à Vichy pres les bains, à Bar-
dou pres de Moulins, ont vne couleur obscure,
vne sçaueur aucunement amere & fascheuse, vne
consistence espaisse & trouble, qui monstre que
les vapeurs grossieres adustes se meslent en ce
rencontre, & temperent la liqueur par leur ex-
cessiue siccité; ce qui donne de l'amertume. Il se
peut

peut bien que le marc de la couperofe contribuë
à la mixtion, ce qui donne l'acuité, & faict fouuent erofion aux inteftins. Cecy fe voit en l'argent & en l'eftain qui fe terniffent par ces eauës-
là : auffi peu de gens s'en feruent pour le iour-
d'huy, comme le temps faict deuenir vn chacun
fage. Ie voudrois encores fçauoir de grace, s'il
eft vray, que tous les metaux excepté le cuiure
& le fer, donnent vn mauuais gouft: ie ne le croy
pas, eftant fondé fur l'authorité de l'Ariftote,
qui nous enfeigne que l'odeur & la faueur, viennent d'vne iufte proportion de l'humide auec le
fec. Tellement que l'eau fimple & les pierres,
n'ont ny odeur ny faueur: par ce que l'humide
domine entierement en l'vn, & le fec en l'autre.
Ainfi l'or extremement fec & d'vne matiere ferme & referree, & l'argent de mefme ne renuoyét
aucune vapeur ou faueur, que l'on puiffe flairer
ou goufter, encores que l'Allemend Agricola
tienne que l'or & l'argent ont quelque douceur:
par ce qu'en la mixtion de ces deux metaux, la
terre la mieux affinee, & l'eau la plus pure, font
iuftement proportionnez & temperez. Mais cela ne fuffit pas. Il faut que le chault, le froid, le
fec & l'humide, foient en iufte proportion, en
tout ce qui eft doux. C'eft tout au contraire du
fer & du cuiure, dont la matiere eft groffiere &
recuicte, non toutesfois tellement referree, que
la liqueur ne puiffe penetrer à trauers. Tefmoin
l'eau ferree qui retient la faueur du fer: & les de-
coctions qui fe font en vaiffeaux de cuiure, qui
font amaires. Par ainfi la conclufion ne fe peut
tirer, que les fources tiedes qui font fans faueur

de neceſſité participent du fer , ou du cuiure.
Mais ſi tât eſt que le cuiure ſoit de matiere groſſiere & recuite , comme peut-il deſopiler: attendu que pour ouurir les conduits eſtouppez, la
ſubtilité de la matiere eſt plus propre. Diſons
que le cuiure ſec & terreſtre , conſomme les ſu-
perfluitez.

BREF ESTAT DE COMPTE DES
MALADIES QVI SE GVERISSENT
par les ſources tiedes.

CHAP. VIII.

ON dict que le cerueau froid & humide, eſt
ſoulagé par les qualitez côtraires des ſources tiedes. C'eſt la verité que la naturelle complexion du cerueau, eſt d'eſtre froide & humide
à fin de temperer la chaleur & ſubtilité de l'eſprit animal , & de retarder la ſoudaineté des
mouuemens, eſtant le ſiege du froid & du gluant,
comme dit Hippocrate. Il n'a doncques point
beſoin d'vn autre temperament, ny d'vne chaleur eſtrangere: eſtant de ſoy aſſez eſchauffé par
le tiſſu de tant d'arteres , remplies d'vn ſang ſubtil & fort chaud. Mais ſi tant eſt, que les intem-
peratures froides & humides auec excéz, ſoient
corrigees par la ſiccité des ſources. Comme ſe
peut-il faire qu'en changeant ſouuent de party,
elles puiſſent corriger l'humeur acre & corroſif,
qui fait tomber le poil. Ainſi faut dire, que rien
ne leur eſt impoſſible : & comme l'on dict, elles

peuuent d'vne mefme bouche, foufler le chaud
& le froid. De plus comme fe peut-il faire que le
poil reuienne par l'vfage de ces fources chaudes
& feches, attendu que le propre de la chaleur fe-
che, eft de rarefier, fubtilier & ouurir les pores.
Et neantmoins Galien veut que les medicamens
propres à faire reuenir les cheueux, foient aftrin-
gens, à fin de retenir fouz le cuir mufculeux du
crane, les vapeurs fuligineufes, à ce que le poil
prenne racine. Quand on veut elles font auffi
tomber le poil. C'eft bien plus grande merueille
ce que le fer & le feu ne peuuent retrancher, eft
guery par ces falutaires liqueurs. Côme la grefle
des paupieres, les furcroiffances de chair, le po-
lype, l'ozene, les efcroüelles, le goetre, le fcirrhe,
le cancer, & plufieurs autres. Bref toutes les in-
temperatures du corps font corrigees. Les caufes antecedentes, & conioinctes des maladies
oftees, les conduits du cerueau oppilez font de-
foppilez, & les parties animales confortees. Le
tout auec facilité fans douleur, & fans beaucoup
de preparation. C'eft la verité, quand ie lis ces
merueilleux effects, ie plains extremement ces
bonnes gens du temps paffé, qui ont tant peiné,
pour recognoiftre la diuerfité des medicamens,
& pour enrichir le trefor de fâté, On nous ameî-
ne encores vne infinité de drogues de Leuant. Et
toutesfois ces belles nymphes, eftant bien para-
nymphees, peuuent en vn moment faire tous les
effects, que l'on attend de ce grand tas de medicamens.

Aux Panegyriſtes & paranymphez.

LEs Panegyres des Grecs, eſtoient ancienne-ment des aſſemblees ſolemnelles, ou chacun ſelon ſon humeur, pouuoit repaiſtre ſes yeux de toute ſorte de recreations. Les courageux aſſi-ſtoient aux combats, les delicieux preſtoiét l'au-reille à la comedie. Mais les plus ſages conten-toient leurs eſprits, à oüir des magnifiques diſ-cours. Car en ces feſtes ſolemnelles, les haran-gueurs, les Poetes, les Moraliſtes & les Hiſto-riens faiſoient part au public de viue voix, de leurs belles conceptions. Ce fut ſur ce grád thea-tre où l'hiſtorien Herodote publia ſes muſes : & l'ancien Poëte Heſiode ſes œuures. Mais les Pa-negiriſtes emportoient le prix d'honneur en ce-ſte ſolemnité : gens de rare ſçauoir, de merite & de recommandation, qui propoſoient en public les vertus des hommes illuſtres, & donnoient aduis ſur les affaires importantes du pays. C'e-ſtoit vn modele pour former les mœurs de la ieu-neſſe : car les triomphes & victoires des grands Capitaines, reueillent bien les courages gene-reux : & vn vray moyen de recompenſer le meri-te des hommes vertueux. Ainſi dict Pindare, có-me la roſee du ciel donne force & vigueur aux plantes, de meſme la vertu s'eſleue par la loüan-ge des gens de bien. Or ces rares merites ſe ra-contoient conformément à la verité, auec choix des plus belles parties, & des vrayes vertus, qui ſont cogneuës à peu de gens, tant les hommes ſont couuers & diſſimulez, & tant ſouuent le vi-

ce se masque sous vn voile de vertu, tellement
que les actions en apparence ne sont conformes
à l'interieur de l'ame. Aussi n'estoit-il pas permis
indifferemment à tous les cerueaux legers, & es-
uentes de faire des iugemens à la volee, sur la vie,
& sur les meurs des demy-dieux. Les poetes furent les premiers, dit le diuin Philosophe, qui
firent bresche à ces loix panegyriques, en se
donnant carriere, sous couleur de leurs beaux esprits, sur des louanges controuuees à plaisir, sans
auoir autrement soin de la verité qui leur est ennemie, si grande est la liberté qu'ils ont prins de
mentir hardiment. Ces mignons des dieux ont
entonné aux aureilles des ambitieux, que tout le
bien perisse, pourueu que la gloire demeure.
Heureux Achille qui eust Homere pour trom-
pete de ses louanges, tellement que celuy qui
sera chanté par ces musiciens, viura tant que la
terre portera des chesnes, le Ciel des estoilles, &
la mer des poissons, & sa renommee volera perpetuellemét, depuis l'vn des Poles, iusques à l'autre, car ny le feu glouton, ny le temps ne peuuent
deuorer les œuures pœtiques, vn cœur tant glacé
fust-il, se brusleroit dedans ce feu de gloire, comme le Physicien Empedocle, pour rendre son
nom immortel, se precipita dedans les flammes
du mont Gibel. Et encore les esprits les plus releués desirent plus ardemment, que sagement,
cest esclat brillant de l'honneur, si la raison ne
tient la bride ferme à leur appetit dereglé, pour
leur faire croire, que le vray honneur, est vn'
image moulé, sur le modelle de vertu, & non sur
les ombrages de tous ce Panegyristes. Ie les

plains & les vns, & les autres, & par mesme
moyen ie leur offre la boisson des sources cry-
stallines, qui leur sera comme la fontaine d'He-
licon. Car ce n'est pas peu de former tant d'idees
nouuelles au cabinet de leur phantasie, & d'om-
brager les peinctures d'autruy, se retirer a l'es-
cart de la populace, pour viure auec les Muses,
afin de receuoir des inspirations surnaturelles,
qui sont esguisees par les vapeurs de la douce liqueur du pere Denis. Ie croy que Sophocle, Ari-
stophane, Eunius, & Horace s'en trouuoient
bien. Ce n'est pas tout, il faut animer viuement
vn subiect, choisir des mots releués, & depein-
dre naifuement les passions d'vn chacun. En
quoy, les vns se guindent plus haut, que ne portent leurs forces, & le subiect qu'ils traictent,
tellement qu'il faut donner du néz en terre, ou
s'enfler de vanité, ou se rendre tenebreux. Les
poetes de ce temps, sont plus auisés, leur pœsie
est tellement coulante, qu'il n'en demeure rien
en la memoire, tellement douce qu'elle ne laisse
aucune pointe, tellement naifue, que l'on n'y re-
cognoist aucun artifice. Ce n'est doncques de
merueille, si les harangueurs Panegyristes, ont
suiuy la piste des poetes, & se sont peu à peu
adonnés à caresser le peuple, & à flater les grãds,
pour en tirer recompense, les plus sages au contraire ont quitté la lice, & tous ses discours trop
eleués, remplis de vanité, basties de pieces rapportees. Aussi quelques vns pour plaisir ont
comparé le panegyre à la chymere fabriquee du
Lyon, de la Cheure, & du Serpent. Car parler
en public asseurémen & d'vn grand appareil,

resent bien son courage de lyon, sauter de treille
en paisseau, pour piller çà & là quelques fueilles,
ou surgeons, cest le propre de la cheure, se vestir
de diuerses couleurs à la bigearre, tourner en
rond, & piquer de trauers, appartient au serpent.
qui ne croira doncques, que le sage Bellerophon,
monté sur son Pegase, cest a dire armé de viues &
subtiles raisons, ne puisse terrasser en vn moment la chimere. Quand à moy dit Euripide, ie
suis mal propre, pour amuser le peuple de pa-
rolles, mais ie sçay bien faire le sage auec peu de
gens. Et à la verité ceux dont les sages font moins
d'estat, le peuple les tient pour suffisans. Il me
desplaist que les Hystoriens se rengent pour la
plufpart fous l'enseigne des Panegyristes. Car
ils s'estudient tant & tant de complaire au peuple, & d'enrichir leur histoire de marqueterie,
tant de belles harangues militaires faictes à plaifir, tant de iugemens sur les actions moralisées
d'autruy, tant de titres d'honneur pour les amis,
& tant de passions contre les ennemis. Vn langage enflé, trop recherché, & curieux. De sorte
que bien souuent ils s'escartent des loix de la verité, qui n'a point besoin de tous ces embellisse-
mens, sa force est assés grande, pour se maintenir soy mesme, contre l'artifice, & l'inuention
des hommes. Les paranymphez marchent pres-
que de mesme rang, que les Panegyristes. Ceux
cy assistoient anciennement lespoux apres le sa-
crifice, & les solemnités des nopces, pour le conduire à la maison du beau pere, & le presenter
auec vne infinité de complimens & recomman-
dations, sur ses belles Parties & vertus. Ce petit

Panegyre n'eſtoit pas ſubiect au contre-rolle de
la verité, ains ſe faiſoit par debuoir & affection
enuers le nouueau marié. Auſſi n'eſtoit-il pas
beſoin de choiſir vn ſeuere Critique, ains pluſtoſt
vn homme du monde, qui ne s'eſtonna point
pour mentir, qui ſceuſt bien enrichir le compte,
& poſer les viues couleurs. Tellement que ſi ce
Paranymphe n'eſtoit homme aſſeuré en ſon diſcours plein de nouuelles inuentions, ſubtil à
deſguiſer les matieres, & prompt a repartir ſelon les occurences, ſon artifice eſtoit incontinent
deſcouuert, & ſe trouuoit parmy tous ces beaux
parterres eſgaré de ſon grand chemin. Et en fin
tomboit en confuſion. Quel remede doncques
ſera plus propre, pour ce meſlange confus de
diuerſes imaginations, que les ſources medicamenteuſes qui ont vn diuers rencontre de vapeurs Metalliques, & qui temperent ces grande
ardeurs, de vouloir ainſi paroiſtre en public.

F I N.

9 782019 965631